増補版 「読む力」は
こうしてつける

吉田新一郎
yoshida shinichiro

新評論

はじめに

「読む」とはどういうことか

　2000年ごろに、「優れた読み手が使っている方法」を紹介してくれている『*Strategies That Work*（効果的な読み方)』というタイトルの本に出合いました。それらの方法を紹介する前にその本では、「読む」とはどういうことかについて、以下の五つにまとめていました。

　　・考えること、意味をつくり出すこと。

　　・読んでいる時は、思考が脳の中をかけめぐっている。

　　・見方／視点をつくり出している。

　　・場合によっては、生き方まで変わる時も……。

　　・読み手は、一部においては書き手でもある。

　「まったく、その通りだよな〜」と、うなってしまったことを今でもよく覚えています。少なくとも、私自身が過去において体験した国語教育では、まったくと言っていいほど欠落していたことばかりですし、日々（といっても、20年ぐらい前から）本を読むことを通して、自分自身が実感していることばかりだったのです。

優れた読み手が使っている七つの方法

　本で紹介されていた「優れた読み手が使っている方法」は、以下の七つです。

　　❶自分や、他の読み物や、世界とのつながりを見いだす。

　　❷イメージを描き出す。

　　❸質問をする。

　　❹著者が書いていないことを考える（つまり、行間を読む）。

　　❺何が大切かを見極め、他の人に説明する。

❻様々な情報を整理・統合して、自分なりの解釈や活かし方を考える。

❼自らの理解をチェックし、修正する。

　読書好きの読者のみなさんであれば、これらの方法を意識することなく使っていることと思います。このリストを最初に見た時の私の印象は、「なぜ、小・中学校時代に教えてくれなかったの？」というものでした。教えてくれてさえいたら、苦労せずに、もっと楽しくたくさんの本を読むことができたのに、と思ったからです。と同時に、これまで読んできた「読書術」に関する多くの本では得られなかった「興奮」を覚えました。

読む時に使う方法＝考える時に使う方法

　そして、その後いろいろ考えてみると、これらの方法は「読む時」だけでなく「聞く時」や「話す時」、そして「書く時」にもまちがいなく使っていることだと気付きました。「考える時」は必ずですし、「世界を読む時」や「世の中を見る時」にも使っていることなのです。それほど重要な方法ですから、是非、習得の仕方を紹介したいと思って本書を著しました。

　先に挙げた本では七つの方法でしたが、その後、本書を書くにあたっていろいろと情報収集をする過程で一つ付け足すことにしました。それは、情報が氾濫する社会でその重要性がますます増しているインターネットなどを含めた文字媒体全般（メディア）を「クリティカルに読む」方法です。

　ここまでの文章を読むだけでも、「七つの方法＋クリティカルに読む」をすべて使っていると思われませんか？　読むことがもっと楽しくなるために、そして、それによってより大きな感動が得られることを願って本書を読み進めていただければと思います。

★１★これら七つを最初に提示したのは、現在カリフォルニア大学バークレー校の教授で、読みの分野の研究と実践に最も貢献している、デイヴィット・ピアソン（David Pearosn）らの研究報告だと言われています。（詳しくは、David P. Pearon, J. A. Dole, G.G. Duffy, and L.R. Roehler の "Developing Expertise in Reading Comprehension: What Should Be Taught and How Should It Be Taught?", 1990 を参照してください。

増補　「読み書き」はなぜ重要なのか

　本書の初版が出版されたのは2010年11月です。それから７年が経ったのですが、この間、「読み書き」に関する多くの本が出版されています。2017年７月には、『死ぬほど読書』（丹羽宇一郎著、幻冬舎新書）という本が出版され、ベストセラーになっているとも聞きます。デジタル化の時代にあって、出版界でこのような動きがあることは私としても非常にうれしいです。それだけ、「読み書き」が重要であるということでしょう。

　本書を再版するにあたって「増補版」としましたのは、2010年以降の教育界の動向や今後の動きなどについて、ポイントとなる大切なことを冒頭において紹介したいからです。すでに「はじめに」でも三つのポイントを「見出し」として付け加えさせていただきましたが、以下のことを追記させていただきます。

リーディング・ワークショップのブログ

　現在、日本で行われている「読み書き」の指導（読解および作文教育＝国語の授業）に対しては、極めて大きな懸念を抱き続けております。本書の初版が出た2010年以降も、「読み書きの教え方」にはこだわり続け、リーディング・ワークショップ（RW＝読書家の時間）とライティング・ワークショップ（WW＝作家の時間）に関連する情報を、「RW／WW便り」としてフェイスブックおよびブログで毎週金曜日に出し続けています。

　また、教室の中で行うRWやWWの実践と同じことを学校レベルで行えば、学校経営や教員の学びはすべて円滑になるということで、「RW／WW便り」に遅れること約１年半、「PLC便り」というフェイスブックおよびブログも毎週日曜日に出しています。

　「PLC便り」のサイト内にある検索コーナー（左上）に「読む力はこうしてつける、吉田新一郎」と入力して、🔍（虫眼鏡）マークをクリックしていただけると、「PLC便り」の執筆パートナーが本書について書いてくれた記事を読

むことができます。

これら二つのブログは、私自身が学び続けるためにおいても最上の方法になっています。その過程で、読者のみなさんとも情報共有をすることができるわけですから「win–win」の関係になるかと思っています。

「RW／WW 便り」と「PLC 便り」は、両方ともブログとフェイスブックで毎週、無料配信していますので、ぜひ覗いてみてください。そして、もしそれらを役立つ情報と判断されたら、同僚や友人に紹介してください。お願いします。

リーディング・ワークショップ関連の本の出版

本書を出版してからも、「読み書き」に関する本を出版しておりますし、2018年には翻訳出版も予定しております。それらの本について、まず簡単に紹介させていただきます。

本書で紹介している方法（特に「パート2」）を練習する場として最適となるブッククラブのやり方について、詳しく紹介しているのが『読書がさらに楽しくなるブッククラブ』（拙著、新評論、2013年）です。

欧米では、映画となった『ジェイン・オースティンの読書会』（2007年）で描かれているように、ブッククラブが大人たちの間でとてもポピュラーに行われています。私自身、複数のブッククラブに入っているという人を何人も知っています。その影響を受けて、私も常時、メールで行われているブッククラブ（二つ〜五つ）に参加しています。

また、このブッククラブを、私は研修とセットにして行っています。いかにインパクトのある研修（ワークショップ）をやったとしても、やれるようになる人は10人に1人ぐらいしかいません（本書78ページの**表4－5**を参照ください）。しかし、継続的なサポートないしフォローアップ（同表の一番下の段）としてのブッククラブを行うことで、理解が広がったり、深まったり、実践のための覚悟が定まったりするものです。そのことを、私は経験上知りました。

次の本は、『読書家の時間――自立した読み手を育てる教え方・学び方』（プロジェクト・ワークショップ編著、新評論、2014年）です。この本は、2010年

に出版した『リーディング・ワークショップ』（ルーシー・カルキンズ／吉田新一郎・小坂敦子訳、新評論、2010年）をもとに小学校の先生達が行った様子を描いたもので、いわば「実践版」となります。

　実は、この実践の時に、本書の描かれている内容がかなり使われていました。国語の授業を本書に置き換えて行っていますので、その過程のもがきも描かれています。とはいえ、子ども達が、国語の授業は望んでいるわけではありません。推測するに、その理由は、教師が求める答えを言い合う授業となっているからでしょう。しかし、いったん「読書家の時間」に切り替えてしまうと、体育の授業と同じぐらいに人気のある時間になったのです。

　もう一冊は、2018年夏に三省堂から刊行が予定されている翻訳書です。原書のタイトルは『In the Middle』（第3版・2014年）というものですが、著者ナンシー・アトウェルさんが1987年（初版）に著したものです。アトウェルさんは、ライティング・ワークショップがあまりにも効果的だったので、それを読むことに応用してリーディング・ワークショップを初めて（？）実践した人でもあります。

　私がこの本に出合ったのは1999年のことでした。あまりの分厚さに、日本の教師に紹介したくても無理だと思っていました。一方、アメリカでの初版の影響はあまりにも大きく、この本の印税で自分の学校をつくってしまったと言われているぐらいです。また、2015年に「グローバル・ティーチャー（世界一の先生）賞」というのが設立され、アトウェルさんはその初代受賞者として選ばれました。

　翻訳出版するのは第3版ですが、ほとんどまったく違う本と言えるぐらいに初版や第2版からは大幅に書き換えられています。それほど教師として学び続けているというか、成長し続けている人物だと言えます。

　本書との関連で言えば、50〜52ページあたりから出発していると言えます。教科書が中心だと、教師もそうですが、生徒達も学び／成長し続けるということが難しいからです。ほとんどの場合、それ以外は読まなくてもいいということを意味していますから。また、本書の第3章で紹介しているルイーズ・ロー

ゼンブラットの理論もベースに据えられている実践となっています。

アトウェルさんが個人的に学び／成長し続け、自分の学校や彼女の周辺に与えた影響は極めて大きいのですが、リーディング・ワークショップおよびライティング・ワークショップは、国語（アメリカでは英語）のなかではもちろんのこと教育界全体でも、過去30年以上にわたって活発な実践が行われている分野です。それは、出版されている本の数やネットで入手できる情報量からも明らかです。

ということは、熱心に実践している先生達の数がかなり多いということを意味します。と同時に、決まったことを決まった形でやればよい（教科書をカバーすればよい）という授業でないことを証明しています。要するに、教師達が主体的に開発できる部分が際限なくある（無限大？！）と言えるのです。

そのことが、ようやく日本でも知られる／紹介されるようになりました。まだ「少しずつ」といった状態ですが、日本の国語の「元気のなさ」[1]とはあまりにも対照的なので、ぜひこれらの情報に触れて、元気になって欲しいものです。そして、ワクワクする実践をしてください。子ども達はそれを待っています！

すること／なることを通した学び

「すること」ないし「なること」を通して学ぶことについては、本書の64〜66ページで紹介しています。

表1は、異なる三つの教え方・学び方を示しています。一番左側は、現在の日本において恐らく98％以上を占めている教え方です。「知識注入型」や「正解あてっこゲーム」と言い換えることもできる教え方・学び方です。

表の真ん中は、私自身が1980年代の前半から普及にかかわっていた教え方・学び方です。当時は「ワークショップ」や「ファシリテーション」と言ってもピンとくる人が少なかったので、「参加体験型の学び」と言っていました。講義型に比べたら、はるかに生徒や受講者に喜ばれるのですが、教える側がアクティビティーを提供し続けることが成功の要因になっていますから、約10年間かかわった段階で先が見えてしまいました。自分の成長がないのと、生徒や受

表1　三つの異なる教え方のアプローチ

〜について学ぶアプローチ	ワークショップ・アプローチ	すること／なることを通して学ぶアプローチ
・教科書をカバーすることが目的	・アクティビティーをすることが目的	・「自立した学び手」になることが目的
・didactic teaching 一斉授業	・ファシリテーターの存在の大きさ	・responsive teaching 生徒のニーズに対応する教え方
・生徒は後部座席（よくて助手席）	・生徒と教師が運転席を取り替えっこ	・生徒が運転席
・学びの原則を無視／軽視	・学びの原則はかなり押さえている	・学びの原則を押さえている
・個人レベルの学び	・学びはソーシャル	・学びはソーシャル／相互に影響し合いながら
・与えられる知識を覚える	・体験を通した学び	・自ら知識や意味をつくり出す（思考・判断・態度、コンセプト）
・覚えるために学ぶ（習得）	・体験と振り返りの重視	・理解するため／できるようになるために学ぶ（活用・探究）
・正解	・体験や話し合いの重視	・できることを説明／証明できる（パフォーマンスで）
・それを判断する評価（テスト）	・評価らしきものはない	・それをサポートする評価（形成的評価）〜誤解や間違いの大切さ
・社会人基礎力は身に着かない	・社会人基礎力や EQ はほどほど身に着く	・社会人基礎力や EQ やライフスキルが身に着く
・学びは一直線	・体験学習のサイクル	・二つのサイクル（1時間の授業と年間を通したサイクル）

講者が主体的な学び手になることが考えられなかったからです（最近話題になっている「アクティブ・ラーニング」の多くは、この段階を指しています）。

　1995年ぐらいから学習者が「自立した学び手」になる教え方・学び方を探しはじめたのですが、その結果見つけたのが、本書で紹介しているリーディング・ワークショップとライティング・ワークショップという方法でした（**表1**の一番右側）。

⋯⋯

★1★元気がないのは、国語だけでなく、残念ながらすべての教科だと言えます。その理由は、あとで紹介する「すること／なることを通して学ぶアプローチ」「責任の移行」「学びの原則」（74〜79ページ）あるいは「リーディング・ワークショップが成功する要因」（67〜73ページ）のすべて、つまりよい授業を成功させる要因を満たしていないからだと思います。

教師が読むことや書くことについて教える（伝統的な講義中心の教え方）のではなく、生徒が授業中に読んだり、書いたりすることを中心に据えた教え方であり、生徒がいっぱしの読書家や作家になるという環境や条件設定のなかで学ぶ教え方・学び方です。

つまり、作家のサイクルや読書のサイクルを回し続けることになります（本書の66〜69ページにかけて紹介している、作家のサイクルおよび読書のサイクルは、「WW便り、作家のサイクル」で検索すると、二つの図が「WW／RW便り」のブログで見られます）。

同様の教え方・学び方は他の教科でも可能です。算数・数学だったら、生徒は問題解決のサイクルを回し続け、教科書や問題集のなかにある問題を解くだけでなく、問題づくりも行い、みんなが数学者として取り組むことができるのです。また、理科や社会科では、生徒は探究のサイクルを回し続けることで、科学者や市民、そして歴史家になることを通して学ぶことになります。

『言葉を選ぶ、授業が変わる』（ピーター・ジョンストン／長田有紀・迎勝彦・吉田新一郎共訳、ミネルヴァ書房、2018年3月予定）という本では、教師が生徒達を「子ども」として捉えるのではなく、読書家、作家、（他教科の場合は）科学者、数学者、市民、歴史家などとして接し、そして話すということです。教師が話す相手をどのように見、そして言葉を選択することで、授業がかなり変わるという実感をもつことができます。これ以外にもアイディア満載の本なので、ぜひご一読ください。

何よりも大切なのは選書能力

「RW便り」に「読むことについて、たった一つのことしか教えられないとしたら？」という記事を書きました。ぜひ、「RW便り」のサイトを開いて、左上の検索欄に「読むことについて、たった一つのことしか教えられないとしたら？」を入力して検索してみてください。ちなみに、この記事で紹介しているアトウェルさんの「読むことを教える際の大切な三つのこと」は、先に紹介したグローバル・ティーチャー賞の授賞式で彼女が行ったスピーチの内容です。

私は断然、選書能力、つまり「自分にピッタリ合う本を選ぶ能力」を身に着けさせてあげることが重要だと思います。この点については、本書の190〜198ページにおいて詳しく書きました。この能力がないと、ほかのどんな能力があったところで、生涯にわたって読み続けることができないと思うからです。

　もちろん、自分にピッタリ合う本を選ぶことができれば、本書の「パート2」でメインに紹介している「優れた読み手が使っている方法」ないし「理解するための七つの方法」は身に着きやすくなります。というより、自然についてきます。なお、選書能力については、「RW便り」の2016年10月28日号などでも扱っていますのでご覧ください。

　日本の授業において、この大切な選書能力を身に着けさせない理由の一つは、本書でも何か所かで触れているように、「良書主義」を取っているからです。権威のあるところが、何を読むべきかを指定するわけです。それは暗に、「一般の人には選書能力がないから、提供しなければ選べないし読まない」ということを物語っています。結果的に、教科書も、夏休みの課題図書も、多くの人に選書能力を身に着けさせることには何ら役立たない状態を維持する役割を果たしていることになります（詳しくは、「RW便り」の2017年9月8日号を参照ください）。

「理解すること」について、さらに深い理解を導いてくれる本

　本書で中心的に紹介されている「優れた読み手が使っている方法」ないし「理解するための七つの方法」を最初に分かりやすい形で紹介した本と言えば『Mosaic of Thought（思考のモザイク）』です（本書のなかでも度々引用しています！）。その共著者の一人であるエリン・キーンさんが著した画期的な本『To Understand』を翻訳出版しています。邦訳タイトルは、『理解するってどういうこと？』（山元隆春・吉田新一郎共訳、新曜社、2014年）です。

　本書の49ページに、「三つのレベルの理解」が分かりやすく図示されています。そして、表面的な理解に焦点を当てられていたこれまでの教え方だけでなく、より深いレベルの理解も可能にする教え方に転換していく必要性を主張し

ています。しかし、これはあくまでもスタートラインでしかありません。「理解」の捉え方も、固定化されたものはないのです。

　その面白さに注目して、訳書『理解をもたらすカリキュラム設計』（グラント・ウィンギズ＆ジェイ・マクタイ／西岡加名恵訳、日本標準、2012年）が出る5年以上も前に、私は『効果10倍の学びの技法──シンプルな方法で学校が変わる』（吉田新一郎＆岩瀬直樹著、PHP新書、2007年）や、前掲した『読書がさらに楽しくなるブッククラブ』（76〜80ページ）で、その理解の捉え方とそれを実現するカリキュラムの設計の仕方について紹介してきました。

　そこでは、理解を、①説明、②解釈、③応用、④自分なりの視点、⑤共感、⑥自己認識として捉えており、それらを測る指標も下記のように提供しています（『理解をもたらすカリキュラム設計』211ページ参照）。

　①説明〜正確な、一貫した、正当化された、体系的な、予測した
　②解釈〜有意義な、洞察に満ちた、重要な、例証となる、解明的な
　③応用〜効果的な、効率的な、円滑な、順応性のある、優雅な
　④自分なりの視点〜信用できる、意義深い、洞察に満ちた、もっともな、一風変わった
　⑤共感〜敏感な、偏見のない、受容的な、知覚の鋭い、機転のきいた
　⑥自己認識〜自覚的な、メタ認知的な、自己調整する、内省的な、思慮深い

　これらを実現する方法として提唱されているのは、従来の授業／カリキュラム設計の①学習目標設定→②指導計画の策定→③授業の実施→④**評価（テスト）の策定と実施**という流れではなく、①学習目標の設定→④**目標を実現するための評価の検討**→②目標と評価を同時に実現する指導計画の策定（必然的に、形成的評価やパフォーマンス評価を重視されることになる）→③授業の実施（指導と形成的評価やパフォーマンス評価などの一体化が実現する形で授業が進む）という流れです。

　従来は最後だった④が①のあとに移動することで、これまでとはまったく異なる授業が行われる可能性が開け、そしてその結果、「指導と評価の一体化」

が実現されるわけです。

　これら、六つの理解の捉え方でも十分なのですが、「読む」ということに引きつけて考えると、私がよりおすすめするのは、先ほど紹介した『理解するってどういうこと？』のほうとなります。しかし、2ページに書きましたように、「読む」＝「聞く」、「話す」「書く」＝「考える」や「世界を読む」ですから、考えるときはいつも、理解するための七つの方法を使っていることをお忘れなく！

　『理解するってどういうこと？』の理解の捉え方は、キーンさんが表にして整理してくれていますので、ここに転載しておきます（次ページの**表2**を参照）。なお、この表以外にも、この本の中にはとても参考になるというか、考えさせられる表がたくさん紹介されていますのでご参照ください。

　これらの多様な理解（各章）が、30〜50ページぐらいを割いて紹介されているので、ぜひ味わっていただきたいです。また、この本を通して、理解する／分かるという言葉の意味と、それを身に着けるための方法も知ることができます。

　著者のキーンさんが、各理解（各章）のメンターというかコーチとして活用しているのが、ヴァン・ゴッホ、パブロ・ネルーダ、ミケランジェロなどのルネサンス人、そしてマティスやピカソなどの芸術家、詩人、小説家などです。この点も普通の教育書としては極めて異色なものですが、他分野での理解の仕方を知ることによって説得力が増す感じです。

責任の移行モデル

　本書の66〜68ページで紹介している「責任の移行モデル」ですが、わずか2ページの紹介ではあまりにももったいないですし、実践に移すためのヒントも少なすぎますので、一冊に膨らませた形で紹介することにしました（もちろん、「パート2」の各章は、かなりの部分、この「責任の移行モデル」をベースにした流れにはなっています！）。

　その本はというと、『「学びの責任」は誰にあるのか──「責任の移行モデル」

12　増補　「読み書き」はなぜ重要なのか

表2　多様な理解の種類

私たちが生活のなかで経験すること
熱烈な学び手である。私たちは我を忘れて集中し、思考するという経験に没頭し、まわりの世界が消え、そして私たちはさらに多くのことを学ぼうと懸命になる。私たちは自分の限界を超えようとする。(第3章)
私たちはいろいろなアイディアをじっくり考える。自分自身の考えに耳を傾け、意識的に振り返る時間をとる。アイディアを洗練するために、繰り返し考える。それには、静かに考えたり、他の人たちと話し合ったりする必要がある。私たちは記憶に残る助けとなるようなモデルをつくり出す。(第4章)
私たちは〈もがくこと〉によって新たな発見をする。もがくことそのものを味わい楽しみ、もがくことから学ぶ。私たちは新しい学びの領域に足を踏み入れ、自分の判断をにぶらせようとする力と戦う。(第5章)
ルネサンスの学習者になる。幅広いテーマや興味・関心やジャンルの本や文章を探究することに駆り立てられる。複数の考えが相互に関連するのを理解したり、パターンを認識したりする。特定のテーマや考えや作家に熱烈な興味を抱くようになり、それらを理解するためなら、たくさんの時間とエネルギーを惜しげもなく使おうとする。考えを掘り下げることで、今まで知らなかった側面を発見する。(第6章)
よりよく理解するために自分の思考をコントロールする。新しい知識や考えや意見を取り入れることで、自分の思考を修正する。時間が経つにつれて自分の思考がどう変化したのか、本やその他の学習体験が自分をどう変化させたのか、説明することができる。世界に存在するさまざまな矛盾葛藤を和らげたり解決するために行動し始める。(第7章)
アイディアについての集中した対話に取り組み、これまで考えていた以上に言うべきことを自分が持っていたことに気づく。自分や他の人たちの意見やその根拠を理解するまで、他の人たちの考え方を考慮したり、疑問を投げ掛けたりする。自分の思考が思いのほかはっきりすることに驚くこともある。(第8章)
感情的な関連づけが行われると、理解は豊かなものとなる。素晴らしいと感じることを再度経験したくなり、学習に喜びが含まれているとよりよく理解できる。創造的な活動をするなかで、私たちは光り輝くもの、記憶に残るもの、他の人たちに意味のあるものをつくろうとする。最終的に、じっくりと考えて発見したことは強力で、長持ちのするものとなる。こうして、**記憶に残る。**(第9章)

(出典：『理解するってどういうこと？』(エリン・キーン／山元隆春・吉田新一郎共訳、新曜社、2014年) 41ページ)

で授業が変わる』（ダグラス・フィッシャー＆ナンシー・フレイ／拙訳、新評論、2017年）です。この本の中で紹介していますが、責任の移行は以下の四つの段階で構成されています。

①教師が焦点を絞った講義をしたり、見本を示したりする。（**焦点を絞った指導**）

②教師がサポートしながら生徒達は練習する。（**教師がガイドする指導**）

③生徒達が協力しながら問題解決や話し合いをする。（**協働学習**）

④生徒は個別に自分が分かっていることやできることを示す。（**個別学習**）

これらをうまくバランスさせることで（しかし、順番にすることではありません！）、極めて効果的な教え方・学び方が可能となるわけですが、一方で、効果的とも生徒達を平等に扱っているとも言い難い一斉授業から脱することができるようにもなります。

なお、「責任の移行モデル」は読みの教え方として開発されたものですが、現在では各教科の領域で使われているだけでなく、大人を対象とした研修会などでもその効果が証明されています。したがって、教える内容や対象は一切問わないという万能性を兼ね備えていると言えます（つまり、「優れた読み手が使っている方法」や「学びの原則」と同じぐらいの価値があるということです！）。

「読み聞かせ」と「考え聞かせ」を聞き手主体で取り組むためには

「優れた読み手が使っている方法」を身に着けるための六つのアプローチのなかの二つ、「読み聞かせ」と「考え聞かせ」（本書85～88ページ）について詳しく紹介するのが、『読み聞かせは魔法！』（拙著、明治図書、2018年2月予定）です。海外に比べて、日本で行われている読み聞かせは極めて特殊であると同時に限定的であることを指摘しながら、読み聞かせのやり方を大幅に広げる提案満載の本となっています。

ちなみに、六つのアプローチの3番目は「教師が見本を示す」（本書88～89ページ）です。これについては、サイト「RW便り」の左上に「モデル」を入

力して検索すると、たくさんの情報が得られますので、ご参照ください。

みんなが熱中して取り組める教え方・学び方

「RW便り、エンゲージメント」を検索して開いていただくと、「RW便り」の2015年11月27日の記事を読むことができます。ここでは、子ども達を大きく三つのグループに分け、子ども達の熱中度／取り組み度を上げる具体的な方法を紹介しています。

また、「RW便り」のサイトを開いたまま、右側のブログアーカイブで「2015年6月5日＝一人ひとりの子どもを大切にするアプローチ」を開いていただくと、特に読むことに困難を抱えている子ども達ほど、先ほど紹介した「責任の移行モデル」が役立つことが分かります。言うまでもなく、そのような子ども達も熱中して取り組めるようになるのですから、すでにある程度読めている子ども達であれば、さらに読めるようになることは間違いありません。

しかし、このような個人を大切にした実践をする際にネックになっているのが、教育界にはびこっている間違った平等意識です。「PLC便り、平等意識」で検索していただくと、この公平・平等観を再検討する必要に気付かせてくれます。『ようこそ、一人ひとりをいかす教室へ』（キャロル・トムリンソン／山崎敬人・山元隆春・吉田新一郎共訳、北大路書房、2017年）という本は、教室の誰もが熱中して取り組める学び方を可能にするための理論と方法が具体的に書かれていますので、ぜひご一読ください。

「正解あてっこゲーム」に代わる、はるかに効果的な評価方法

本書の47〜48ページで紹介されている脱「正解あてっこゲーム」への具体的な提案が書かれている本として、『Hacking Assessment』[★2]（スター・サックスタイン／吉田新一郎・高瀬裕人共訳、新評論、2018年夏刊行予定）があります。

> （教師は）ストレスを抱えています。通知表を書く時はいつも、怒りに近い欲求不満を感じます。個々の生徒の学びは同じでないことを示しつつ、

一つの成績で学んだことをどうやって知らせることができるというのでしょうか？

　平均化された点数が、実際に学んだことについて教えてくれることはほとんどありません。（中略）不幸にも、一つの数字や文字で表される通知表の成績は、あまりにもたくさん、かつ重要な情報を伝えようとしています。

　評価期間が終わろうとする時はいつも、意味のある形で生徒達を評価するのに私は苦労します。そして、制度が私にさせていることに対して不満を募らせるのです。何かが変わらなければなりません！　たとえ、生徒達がその事実を知らなかったとしても、私は彼らに害を与えているのです。

　評価は、やり取りでなければなりません。そして、生徒が知っていること、できること、さらにまだ（これから）やらなければいけないことについて、生徒自身の理解を促進するストーリーをつくらなければなりません。

　より重要なことは、生徒自身が改善するにはどうしたらいいのか、自分が成長したことをどのように気づけるのか、という方法を生徒がもっていることです。それゆえ、２年ほど前から私は、成績を排除することに取り組みはじめました。（まえがきより）

　これまでは、評価／成績は教師の専権事項と捉えられてきましたが、成績を排除するというアプローチでは、生徒達が自分の学習履歴を管理し（作品を収集し、振り返り）、そして新たな目標設定をしていきます。つまり、生徒達に、自己評価と、それを踏まえた自己修正・改善力を身に着けられるようにするアプローチなのです。

★2★「Hacking」には「コンピューターへの不法侵入」というイメージがありますが、ここでの意味は違っています。「巧妙に改造する」という意味です。現状を当たり前のものとして受け入れ、嫌なものを壊してつくり直そうとすることです。すべての用意ができるまで待ったり、誰かが変えてくれるのを待ったりするではなく（そんな時は来るはずがない！）、とにかく自分で試してみるのです。そして、その結果を見ます。様々な問題を、常に学びを改善するためのチャンスと捉えるのです。これは、これまでの教育界には欠けている視点であり、行動ではないでしょうか。

生徒の学びを促進し、教師の指導を改善するための本をもう一冊紹介しましょう。本書の73ページとの関連で、『ようこそ、一人ひとりをいかす教室へ』の続編として『一人ひとりをいかす評価(仮題)』（キャロル・トムリンソン他／山元隆春・山崎敬人・吉田新一郎共訳、北大路書房、2018年夏刊行予定）という本が出版されます。

本書の「パート２」で紹介されている「優れた読み手が使っている方法」は、誰に対しても同じように教える必要があるものとしては位置づけられていません（本書の80ページおよび「あとがき」などを参照）。教えられなくても、できるようになる可能性があるからです。そこで、生徒を事前に、あるいは読んでいる最中に評価することが極めて大切となります。

日本では、これに対して「見取り」という言葉が使われてきたようですが、その具体的な方法に関しては、ほとんどブラックボックス化した（中身がよく分からない）状態が続いています。それに対して、この本では、具体的な事前評価と形成的評価の方法が紹介されています。もちろん、教師の一斉指導に合わせたものではなく、あくまでも「一人ひとりの子どもをいかす」という切り口で、成績との関係における総括的評価も押さえられています。

メタ認知関連の３冊の本

メタ認知については、「よく読める読み手が共通にもっているスキルとは」という記事を「RW便り」の2017年９月29日号に書きました。そこでは、メタ認知を「自分が読んでいるテキストに関して、読み手として自分の中で行っている対話」と定義していますが、間違いなく、私がこれまで見たなかで一番分かりやすいと同時に、本書のなかで扱っている内容と親和性が高いと言えます。少し具体的に説明をしていきましょう。

記事のなかでも紹介している『「考える力」はこうしてつける』（ジェニ・ウィルソン他／拙訳、新評論、2004年）は、まさに「振り返り」と「メタ認知能力」をベースにして書かれた本です。記事のなかに**図１**をその本から転載して

図1　振り返りのサイクル

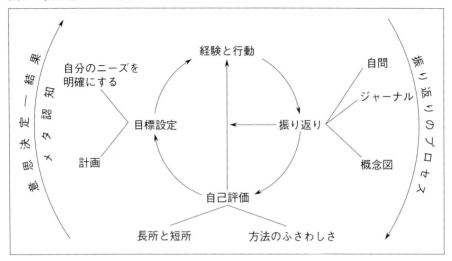

表3　振り返りとメタ認知能力との関連

振り返り	メタ認知能力
● 質問 ● 自問 ● 今検討中のアイディアを過去・現在・予測される経験と結びつけられる ● 評価する ● 応用する ● 仮説を立てる ● 他のアイディアを見つけ、考えられる	思考や学びの情報を使いこなして ● 判断できる ● 状況にあった適切な方法を選べる ● 自己評価できる ● 計画を立てられる ● 目標に向けて行動できる

(出典：図1と表3は、『「考える力」はこうしてつける』J. ウィルソン＆ L.W. ジャン／吉田新一郎訳、新評論、2004年、16ページと21ページ。)

いますが、記事をサポートするために、「振り返り」と「メタ認知能力」との関係を分かりやすく示している**表3**も掲載しておきます。これらをふんだんに使った具体的な事例が、この本ではたくさん紹介されています。

18 増補 「読み書き」はなぜ重要なのか

　先ほど「責任の移行モデル」の項目で紹介した『「学びの責任」は誰にある
のか──「責任の移行モデル」で授業が変わる』も、メタ認知能力の重要性を
強調しています（主に第5章を参照）。この本では、メタ認知を「学習者自身
の学びのプロセス、自分が一番学びやすい条件、実際に学びが起こったという
ことを意識的に認識すること」（179ページ）と定義づけて、それを責任の移行
モデルの4段階で認識する機会を提供しようとしています。なかでも、協働学
習や個別学習の際に、以下の四つの質問を意識させることで、メタ認知的なつ
ぶやきを育てることができる（181～182ページ）、としています。

❶自分は何を達成したいのか？
❷自分はどんな方法を使えばいいのか？
❸自分は方法をうまく使いこなせているか？
❹ほかにやれることは何だろうか？

　「優れた読み手が使っている方法」ないし「理解するための七つの方法」の
一つである質問する力に焦点を絞った『たった一つを変えるだけ──クラスも
教師も自立する「質問づくり」』（ダン・ロススタイン他／拙訳、新評論、2015
年）も、メタ認知能力の重要性に注目しています。
　この本では、「自分が学んでいることや考えているプロセスについて振り返
って考える能力」とし、「すべての生徒にとってより良く学べるためには欠か
せないものとして捉えられるようになっています」（36～37ページ）。そして、
「できる生徒たちは読んでいる内容に対して自然に質問を投げかけたり、次に
何が起こるかを予測したり、自分の理解や解釈を振り返ったりする」（37ペー
ジ）と指摘しています。まさに、本書の「パート2」で紹介している内容その
ものです。
　また、『たった一つを変えるだけ』では、発散思考と収束思考とメタ認知思
考は、「今はもっていないかもしれませんが、生徒たちの誰もが身に着けるこ
とのできるとても重要な思考力です。（この本で）極めて簡単の手順でこれら
三つの思考力を身に着け、そして自分のものにする『質問づくり』の方法」（39

ページ）が紹介されています。

「学びの原則」＝よい授業を実現する要因

　「学びの原則」をしっかり押さえることが、あらゆる授業をする際に大切となることは言うまでもありません。本書では、そのことについて74〜79ページで紹介しています。76ページに掲載した「**表4－4　学びの原則**」に挙げられている「九つの原則」を無視／軽視するか、それとも押さえるかで、得られる学びの質と量が決まってしまうぐらいの大きな差を生み出しますので、これら九つの原則をぜひ肝に銘じて実践に活かしてください。

　この「学びの原則」と、本書の67〜73ページで紹介している「リーディング・ワークショップが成功する要因」はオーバーラップする部分が大きく、両方とも「よい授業を実現する要因」と言い換えられると思います。ちなみに、「リーディング・ワークショップが成功する要因」は、「WW／RW便り」の創刊号として紹介した「WWが成功する要因分析」を少し広げる形で書いたものです（「WW便り、WWが成功する要因分析」で検索すると読めます）。

　「PLC便り」の左上の検索欄に「よい授業とは」や「学びの原則」を入力して検索してみてください。たくさんの情報が得られます。「指導案」（悪い授業を実践する要因）ではなく、ぜひ、こちらのほうを大切にしてください。

もくじ

はじめに　1

増補　「読み書き」はなぜ重要なのか　3

パート1　読む力がつく教え方・学び方　31

第1章　読むとは …………………………………………………33

❶ 読むことが可能にしてくれることは？ ………………………35

①　多様な満足　35

②　人とのコミュニケーション　36

③　知識や情報（や体験）の獲得　36

④　読む力と書く力の向上　37

⑤　思考力の向上　37

⑥　態度面の成長　37

⑦　生きる糧　38

⑧　その他　38

❷ 読むことを通じて身に着けさせたいことは？ ………………39

①　楽しむ、よく読む　39

②　感じる、想う、考える　40

③　知識や情報を得て活用する　40

④　理解する　40

⑤　本を共有し、語りあう　41

⑥　行動や問題解決につなげる　41

❸　そもそも、なぜ読むの？ …………………………………………41

①　楽しむため・豊かにするため　41

② 生きるため、成長するため　42

③ 人とつながるため　43

❹　あなたにとって「読む」とは？ ……………………………44

第**2**章　**これまでの教え方**…………………………………46

❶ テストによってもたらされた「正解あてっこゲーム」…47

❷ 表面的な理解に焦点を当てているこれまでの教え方 ……49

❸ 教科書の存在 ………………………………………………50

❹ 教科書と教師主導の授業では、子ども達は従うだけ ……52

❺ 読むことの妨げになっている要因 …………………………52

第**3**章　**反応をベースにした読み** …………………………54

❶ 読むという行為は読み手とテキストの共同作業 …………55

❷ 著者ですら意味をつくり出す体験をする …………………57

❸ 読むことはダイナミックなプロセス………………………59

❹ 反応から出発し、それを共有することで理解を深める…60

第**4**章　**これからの教え方** …………………………………63

❶ 自立した読み手を育てる効果的な方法はあるのか？ ……63

❷ 自立した読み手を育てるリーディング・ワークショップ

………………………………………………………………64

❸ リーディング・ワークショップが成功する要因 …………67

① 時間の確保　67

② 二つの枠組み　67

③ 読む本の選択　70

④ しっかりと教える　71

⑤ 反応・フィードバック　71

⑥ 「読み」のクラブのような関係を築く　72

⑦ 評価　73

⑧ 何よりも楽しいこと　73

❹ 「学びの原則」をすべて押えているリーディング・
ワークショップ……………………………………………74

第5章　効果的な学び方・教え方……………………………80

❶ ナチュラル・ラーニング（自然学習）モデル……………81

❷ 責任の移行モデル………………………………………82

❸ 「優れた読み手が使っている方法」を身に着けるため
の六つのアプローチ……………………………84

① 読み聞かせ　85

② 考え聞かせ　87

③ 教師が見本を示す　88

④ 子ども達に試してもらいながら進める　90

⑤ カンファランス　92

⑥ 共有　93

❹ 教える際の効果的な媒体としての絵本……………………94

パート **2** 優れた読み手が使っている方法　97

第 **6** 章　関連づける ……………………………………………99

- レッスン1　どれだけ知っていることを挙げられるか　102
- レッスン2　関連づけることは様々　103
- レッスン3　自分と関連づけたことを「考え聞かせ」する　103
- レッスン4　ペアか小グループで自分との関連づけの練習　104
- レッスン5　各自で自分との関連づけの練習　105
- レッスン6　本と本を関連づける　105
- レッスン7　本と世界を関連づける　106
- レッスン8　私にとっての一番強いつながり　107
- レッスン9　すでに知っていたことと新しく学んだこと　107
- レッスン10　ノンフィクションの本を使って「つながり」探し　109
- レッスン11　ふりかえり　110

第 **7** 章　質問する ……………………………………………111

- レッスン1　質問・質問・質問　115
- レッスン2　これ何？　116
- レッスン3　絵本のイラストで質問を考える　117
- レッスン4　教師の「考え聞かせ」で質問づくりの見本を示す　118
- レッスン5　子ども達が質問づくりの練習　121
- レッスン6　各自で質問づくりの練習　121
- レッスン7　詩を使った質問づくりの練習　121
- レッスン8　気付いたこと、つながり、疑問・質問　123
- レッスン9　マインド・マップを使った質問づくり　125

24　もくじ

レッスン10　質問への答え探しと、質問づくりをしながら読む　126

レッスン11　質問や疑問の答はどこにあるのか？　127

レッスン12　ふりかえり　127

第8章　イメージを描く ……………………………………128

レッスン1　言葉からイメージを描く　130

レッスン2　聞いたことをイメージする　130

レッスン3　考え聞かせでイメージするのを実際に見せる　131

レッスン4　「絵を見せないで読み聞かせ」対「絵を見せて
読み聞かせ」　132

レッスン5　詩からイメージを描く　132

レッスン6　ペア読書やブッククラブでイメージを共有　133

レッスン7　小説の配役を考える　134

レッスン8　お気に入りの本の販売促進用のチラシをつくる　134

レッスン9　ふりかえり　134

第9章　推測する ……………………………………………136

レッスン1　写真から推測する　139

レッスン2　文字なし絵本からストーリーをつくる　140

レッスン3　事実・質問・推測　140

レッスン4　本の探偵になる　142

レッスン5　分からない言葉を推測する　142

レッスン6　主人公の気持ちや想いを推測する　144

レッスン7　ふりかえり　145

第10章　何が大切かを見極める …………………………………146

- レッスン1　無人島で半年間暮らす　148
- レッスン2　先生の財布　148
- レッスン3　何を知りたい？　149
- レッスン4　大切な点を選ぶ　150
- レッスン5　書き手にとって大切なことは？　151
- レッスン6　書き手があえて書かない点を指摘する　152
- レッスン7　フィクションとノンフィクションの違い　152
- レッスン8　ノンフィクションの作品をさらに斬る　153
- レッスン9　読む目的は何か？　目的は読み方を左右する！　154
- レッスン10　求めている情報はどこにあるのか？　155
- レッスン11　下読み　156
- レッスン12　流し読み　157
- レッスン13　精読①　157
- レッスン14　精読②〜ノートの取り方　158
- レッスン15　小見出しを質問に切り替える　159
- レッスン16　たくさんの事実から鍵となる質問を考え出す　159
- レッスン17　面白い事実と重要な点　160
- レッスン18　ブッククラブで何が大切かを話し合う　160
- レッスン19　ふりかえり　162

第11章　解釈する …………………………………163

- レッスン1　大切なメッセージを見つける　165
- レッスン2　本の内容を紹介する　165
- レッスン3　ノンフィクションの内容を要約する　166
- レッスン4　紹介文を書く　166

26　もくじ

	レッスン5	読み進みながら解釈が変わっていくのを楽しむ　167
	レッスン6	ビフォー＆アフター　168
	レッスン7	要約の練習をする　169
	レッスン8	ふりかえり　171

第12章　他の効果的な方法 …………………………………172

❶ 修正する …………………………………………………172

レッスン1	読んでいるけど理解できない　173
レッスン2	理解できるようにする方法　174
レッスン3	理解できない文章を読んでみる　175
レッスン4	読んで、考えて、反応を書く　178

❷ 批判的に読む …………………………………………179

レッスン1	互いの反応を共有しあう　180
レッスン2	一般的に受け入れられている見方を疑ってみる　180
レッスン3	批判的に読む際のポイント　181
レッスン4	作品に潜むステレオ・タイプをあぶり出す　182
レッスン5	同じテーマの本を読んで比較する　182
レッスン6	主人公はいつも「いい人」？　183
レッスン7	賛成できない記事もある　184
レッスン8	買いたいと思わせる広告　184
レッスン9	ネット時代にこそ必要とされる読む力　185
レッスン10	書いている人の背景や条件などを理解する　187
レッスン11	学校図書館の本棚にあるのは何か、ないのは何か？　189

❸ 自分にあった本を選ぶ ……………………………………………190

> レッスン1 簡単すぎる本、難しすぎる本、ちょうど自分
> にあった本　192

> レッスン2 自分にあった本を選ぶ方法①　192

> レッスン3 自分にあった本を選ぶ方法②　193

> レッスン4 教師ができる選書のサポート　194

> レッスン5 読んだ本の評価をつける　196

> レッスン6 推薦文や紹介文を書く　197

> レッスン7 さらに知りたくなったこと　197

> レッスン8 自分の選んだ方法とこれからの計画を書く　197

❹ 反応する ……………………………………………………198

あとがき　204

参考文献一覧　207

増補版　「読む力」はこうしてつける

読む力がつく教え方・学び方 パート **1**

第1章

読むとは

　「読む」という行為は私達の日常生活にごく普通に関わっていることなので、よほどのことがない限り、読むとはどういうことなのかを考えることはないと思います。しかし、本書は読む力を伸ばすことを目的としていますから、一応なりともそのことについて考えておく必要があります。

　一般的には、読むという行為は「受信」することだと思われています。そして、書くという行為は「送信」することとなっています。言い換えれば、書くことは主体的な行為であって、読むことは受動的な行為というイメージがあります。実際、私自身がかつて学校で体験した「読み」においても、自らが主体的に読んで意味を考え出すというよりは、すでに存在する解釈を教師から聞いて、それをテストのために覚えるというものだったように記憶しています。

　確かに、書かれたものがなければ読む行為は存在しませんが、だからと言ってそれが受動的な行為かというと、「はじめに」ですでに紹介したように極めて主体的かつ積極的な行為なのです。これについてキーンとズィマーマンは[1]『Mosaic of Thought（思考のモザイク[2]）』の中で、ボクシングや相撲や剣道と同じように、「アクション・スポーツだ」とさえ述べています。それらのスポーツと読むことの違いは、「頭も含めた身体全体で行われているか、頭の中だけで起こっているかの違いだけだ」とも言っています（9ページ）。

★1★Ellin Keene と Susan Zimmermann は、デンバーを拠点に「読むこと」を中心に新しい教え方、学び方を普及している教育NPO「Public Education and Business Coalition（公共教育とビジネス連合）」の中心メンバーです。

★2★モザイクとは、石、タイル、布などを使って、色や形が様々に異なる小片をたくさん寄せ集めて絵や模様を表現したもの。

自分が選んだ本に熱中する子ども

　読みの教え方という観点で私の目を開かせてくれたこの本の中では、読むことを「今のこの世界を共有している人達や、先人達のことを知ったり、つながりをもつため。仕事に活かすため。新しいことを学んだり、挑戦したり、発見するために、自分の周りで起きていることをより良く理解するため。人類が置かれている状況を知るため。そして、自分なりのアクションが起こせることは何なのかを見極めるため」（253ページ）と位置づけていました。

　このように読むことを主体的かつ積極的な行為と捉えるのか、それとも受動的なものとして捉えるのかでは、その身に着け方（教え方と学び方）に大きく影響してきます。早速、身に着ける方法の説明に入りたいところですが、その前に、現場の教師達が読むことについてどういう意識や、考えをもっているのかを四つの質問を通して紹介したいと思います。というのも、それらを明らかにすることが、これからの教え方自体を大きく変える大切な資料となるからです。

　なお、以下に紹介する四つの問いは、その回答をただ単に読んでいくよりも、あなたが同僚達と話し合うことにより大きな価値があります。それは、普通の子ども達と教科書との関係に似ているかもしれません。どういうことかというと、教科書には、それなりに選び抜かれた教材が限られたスペースの中で表され、編集およびレイアウトされて載っているわけですが、残念ながら、それらに興奮する子ども達はほとんどいません。なぜなら、子ども達にとって主体的になれる部分が限りなくゼロに近いからです。

　以下で紹介していることは、過去3〜4年間にわたって私が集めてきた読む

ことに関する情報を、最大限の努力をして整理したものです。しかし、そうした執筆者や編集者の努力は、教科書と同じように読者にはなかなか届きません。それだけに、問いかけに対して自らが考え、それを同僚と共有しあったほうが10倍も100倍も価値があるということです。

読むことが可能にしてくれることは？

　ここで紹介するのは、約65人の小学校の先生達を4～5人のグループに分けて、「読むことが可能にしてくれることは？」というテーマでブレーン・ストーミングをしてもらった結果です。大きな項目としては、①多様な満足、②人とのコミュニケーション、③知識や情報（や体験）の獲得、④読む力と書く力の向上、⑤思考力の向上、⑥態度面の成長、⑦生きる糧、⑧その他、の八つに分類できます。それぞれの項目を通して、先生達が「読む」ことに対してどのような認識をもっているのかを見てください。

　項目を挙げただけではイメージがつきにくい、つまり読むとはどういうことかを納得していただけないと思いますので、それぞれにどのような内容が含まれるのかを以下で見ていきます。

①多様な満足

　多様な満足には、「楽しい、好きになる、ワクワクする、感動する、笑う・泣く・怒る、共感する、心が癒される、心が豊かになる（感情豊かになる）、幸せな気持ちになる、ほっとする（リラックスする）、力を得た気持ちになる、豊かな時間の使い方ができる（時間を忘れることができる）」などが挙げられました。

　ほかにも、「愛、達成感、刺激」や「気分転換、現実逃避、暇つぶし（退屈しのぎ）、移動時間」や「人の視線を避けることができる、タイプの合わない

36　パート *1*　読む力がつく教え方・学び方

人に嫌ってもらえる」などが挙げられ、まさに「多様な満足」が得られるとし
か項目設定ができませんでした。

②人とのコミュニケーション

これについては、「友達ができる（友達が増える）、会話が弾む（友達や先生
との会話ができる）、読んだ人同士のコミュニケーション、人と話すことで楽
しみを共有できる」などが挙げられました。読むことが決して孤独な営みでは
なく、社会的で、しかも楽しい行為であることを指摘してくれる人は少なくあ
りません。

③知識や情報（や体験）の獲得

本を読めば、知識や情報が得られるのは当たり前のことです。それを目的に
読んでいる人が多いと思いますが、単にその言葉だけでは言い表せないたくさ
んの効果が今回のブレーン・ストーミングで明らかになりました。この項目に
おいて出されたものは**表1－1**に掲げました。

表1－1　ブレーン・ストーミングで明らかになった知識や情報の中身

・知らなかったことを知ることができる。	・情報に敏感になる（世界とのつながりの糸口になる）。
・新しい世界を知る（世界が広がる）。	・教養が深まる。
・社会のことが分かる。	・趣味が広がる。
・いろんな体験をした気になれる（疑似体験ができる）。	・頭がよくなる。コミュニケーションのもととなる話題が増える。
・違う世界を体験できる（別の世界に行ける・未知との遭遇）。	・知識を手元における（繰り返し確かめられる）。
・新発見がある。	・文化・歴史を知れる。
・勉強になる。	・選択の幅が広がる。

④読む力と書く力の向上

まず、読む力の関連では、「読解力、読むのがうまくなる、想像力／創造力がつく（広がる）、空想力がわく、自分に重ねることができる、社会とのつながりが発見できる、人や世界と出会える、行ったことのない所へ行ける、見えないものが見える、作家との出会い（作者を知る・好きな作家ができる）」などが挙げられ、書く力については、「読んでいて自分でも書きたくなる、文章を書けるようになる（まねできるスタイルを得る）、書く力がつく」などが挙げられました。

そして、両方に当てはまると思われるものには、「表現方法（知らない言葉）を知れる（表現力・言い回し）、言葉をたくさん身に着けられる（言葉を知る・新しい言葉を覚える）、漢字が読める（漢字を覚える）、語彙が増える」などがあります。

「はじめに」の冒頭で紹介した五つの項目の最後に挙げた「読み手は一部において書き手でもある」という意味が分からないと質問する人が多いのですが、これでその答えは明確になったと思います。

⑤思考力の向上

正直、この項目はどこに含めるべきかということで悩みました。その結果、他に入れるわけにはいかないという判断で、独立した項目にしました。「考え方の違いに気付く（考え方が変わる・ものの見方が変わる）、自分の考えをまとめる力がつく、自分の言葉にできなかったことが本の中で見つけられる（うまく言葉にできなかったことを言語化できた）」などが挙がりました。

⑥態度面の成長

知識・技能と来たら、次は姿勢・態度です。ここでは「人の気持ちを想像す

る、他者を思いやる気持ちが得られる、他人の心情が理解できる（バッタにも
なれる！）、違う人物になれる、他の人の考えが分かる、他のことが知りたく
なるきっかけ、興味がわいて調べたくなる、知的好奇心」などが挙がりました。

⑦生きる糧

　知識・技能・態度がそろったら、あとは行動しかありません。ここでは「行
動力、自分の行動の意味が分かってくる、生きる力につながる（生きる意味に
ついて考える）、可能性が広がる（→冒険したい！　将来の展望をもつきっか
けづくり）、できた気になる（できるようになる）、向上心、自分探し、人格形
成、自分の状況をもう一度考えさせてくれる、心の中の対話ができる、集中力
が身に着く、人生のバイブル」などが挙げられました。

⑧その他

　そして最後は、「本を集める喜び（収集の喜び）、書店や図書館に行きたくな
る、飾り」です。箔が付く感じがするというか、こういうことも確かにありま
す。

　以上、重複する部分は除きながら「読むことが可能にしてくれることは？」
を紹介してきましたが、これを通して、「読むとはどういうことか」がしっか
りと見えてきました。もし、これらのことが達成できるなら、読むことが好き
になったり、もっと読みたくなったり、読み方が上達したりといったことも実
現可能となります。

図1－1　読むことを通じて身に着けさせたいこと（小学校卒業までに）

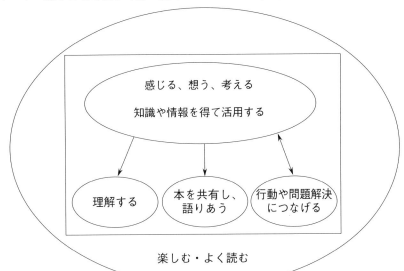

② 読むことを通じて身に着けさせたいことは？

　この質問は、20人の小学校教師に四つのグループになってもらって考えてもらいました。低・中・高学年のグループに分かれましたから、「小学校を卒業するまでに」身に着けさせたいことということになります。その結果を、今度は図1－1で表してみました。図にしたほうが、相互のつながりなども見えやすくなります。

①楽しむ、よく読む

　これに含まれたのは、読むことを楽しめる、活字のある生活、毎日読む、自分で本を選ぶ、豊かな人生、素敵な時間のもち方が分かる、本との付き合い方

を知る、卒業しても本を手に取る、自ら本を読む人になる、本を読む価値が分かる、などでした。

この時には言葉として表現されませんでしたが、目指すのは「自立した読み手を育てること」と言えます。

②感じる、想う、考える

このなかには、感じる、自分の想いをもてる、自分の考えをもって読む、本を通して自分の考えが言える、感想をもつ、想像力を広げる（文を読んで、頭の中で絵を描くことができる）、考えを広げる、考えを深める（自分の世界を広げる、様々な価値があることを見いだす、多様性を認められる）、本と対話する、人との違いが感じられる、本の中の人と出会う、作品の中に入れる、などが含まれました。

③知識や情報を得て活用する

このなかに含まれたのは、知識を得る（意味を見いだせる）、情報収集、活用する、情報を読み取る、知りたいことが探究できる、などでした。

最初、③の「知識や情報を得て活用する」はノンフィクションを読む時のことで、②の「感じる、想う、考える」はフィクションを読む時と分類したのですが、単純に分けられないと判断して、フィクションとノンフィクションは削除しました。

④理解する

この項目には、言葉の意味を理解する、文脈を考えて読む、分からないことがある時は解決法を知っていて使いこなせる、質問する、判断する、批評的に読む、などを入れました。

⑤本を共有し、語りあう

　学びあえる、本について話し合うことができる、おすすめの本を人に紹介できる、どんな話だったかを説明することができる、語る楽しみを知るなどは、「①楽しむ、よく読む」や「④理解する」とも深く関わっているようです。

⑥行動や問題解決につなげる

　以上のこと全部を踏まえて、生きるヒントを得る、読んだことが自分の行動につながる、自分の問題にぶつかった時に解決できる、意欲をもてる、昔を知ることなどが実現できれば、言うことがないわけです。

③ そもそも、なぜ読むの？

　見出しのような問いかけを、私の知り合いの先生達にメールを出して聞いてみました。8人から返事をいただいたので、それらを三つの項目に分けてまとめました。

①楽しむため・豊かにするため

　圧倒的に多かったのが、これにまとめられる回答でした。「自分の人生を豊かにするため、気持ちを豊かにするため、想像の世界で遊ぶため、視野を広げるため、体験できないような世界を読むことで知るため、感動して生きていくエネルギーを得るため、新しいことを知りたいから、違う世界を知りたいから、そしてそれによってリラックスしたいから、意味のある時間を過ごすため、往復30分の電車の中で異世界を体験して一人で楽しむため、一時避難するため」などの回答が寄せられました。

少し長めの回答も三つありましたので紹介しておきましょう。

回答1：「活字中毒」で、寝る前に何かを読まないと寝られません。その時間が、心落ち着く時間なのです。誰かがつくっている世界だと思うと、その世界に浸るのが楽しく感じますし、私の知らないことが書いてあって、それを知るとすごく気持ちがいいです。作者（筆者）に寄り添うのが、私にとってはとても楽しいことです（だから、寄り添えない本は、やっぱり「この本つまらない」となります）。読みたいから読む、ということ以外にありません。

回答2：自分の人生を面白くすることに、本がかなり役に立つことを知ったからというのもあるかな。「楽しく生きたいから本を読む」これだ!!本は、想像することを助けてくれる。膨らんだ想像は実際の自分に影響してくる。チャレンジ精神がわいたり、憤りを感じたり、人に優しくできたり。これは、自分にとっては欲求に近いと思います。知りたいと思う欲求なのかな。それは、読むということが楽しいと感じているからだと思います。

回答3：今の私は、「読みたいから」、「読まなければいけないから」の二つです。読みたいものを読むことは本当に楽しいです。困るのは、読みたくないもの（例えば、大嫌いなコンピュータのマニュアル書など）を読まなければいけない時は苦痛です。しかし、リーディング・ワークショップに関わるようになってからは、「問題解決方法のレパートリーを増やす練習なのかな？」と思うこともあります。[3]

②生きるため、成長するため

「生きるために必要な情報を得るため、新しい知識や考えを得るため、社会人として生きていくため、ほかの人（いろんな立場の人）の気持ちを理解するため、自分の考えを深めるため、自分を変えるため、自分を成長させるため、自分にとって大切なことを確認するため、仕事や自分のテーマに必要なことを

第1章　読むとは　43

得るため」というような回答もありました。

③人とつながるため

「書くため」という回答をしてきた人がいましたが、上の「生きるため、成長する」に含めてもよかったのかもしれませんが、あえて別項目にしてみました。

「なぜ、読む必要があるんですか？」は、特に中・高校生レベルが発する素朴な疑問だと思います。現時点で、その疑問にどれだけ納得のいく回答を提供しているでしょうか？　これまでのリストには含まれていないもの（特に、中・高校生には受け入れらやすいと思えるもの）をある本で見つけましたので紹介します。

・金銭面も含めて、とても見返りが大きいものだから。
・語彙を豊富にしてくれるから。
・より良い書き手にしてくれるから。
・読むことは難しいけど、難しいことにチャレンジすることは大切だから。
・将来就くであろう仕事の準備をしてくれるから。
・より良い（高い）レベルの教育の窓を開いてくれるから。
・抑圧を回避する術を提供してくれるから。
・頭をよくしてくれるから。
・生きていくうえでの指針を与えてくれるから。
（出典：Kelly Gallagher, *Deeper Reading*, Stenhouse Publishers, 2004, p149）

★3★『リーディング・ワークショップ』（ルーシー・カルキンズ／吉田新一郎・小坂敦子訳、新評論、2010年）の日本版を開発するチームのメンバーになって、実践しはじめているということ。

④ あなたにとって「読む」とは？

　本章の最後として、上記の質問を小学校6年のあるクラスの子ども達に聞いた結果を紹介します。もちろん、表1-2に示すように答えられるのにはわけがあります。1年間にわたって「リーディング・ワークショップ」という、読むことが好きになり、かつ読む力がつく方法を体験したからです。このアンケートをとってくれた先生は次のように言っていました。

　「たくさん読み、語り、考えてきたからこそ生まれたリストだと思います。今年度は、『楽しい』と書いている子ども達も、これまでに私のクラスの子ども達が言っていた『楽しさ』とは一線を画しているように思います。読んでいる本の質、量ともに比べ物になりません。読むのが苦手な子どもほど『勉強』と捉えるのだなあと、改めて確認しました」

　あなたも、自分の子やクラスの子達がこんな反応をしてくれたらいいと思いませんか？

リーディング・ワークショップの人気スポット！

　以上、「読むことが可能にしてくれることは？」、「読むことを通じて身に着けさせたいことは？」、「そもそも、なぜ読むの？」、「あなたにとって『読む』とは？」という質問を通して、読むとはいったいどういうことなのかを見てきましたが、ほかにも「いったい、『読む』ってどういうこと？」や「自立した読み手とは？」といった類似の問いかけに対しても同じような結果が得られるはずです。また、人数も65人とか20人に聞く必要はなく、7〜8人（時間をかけてリストづくりをするなら2〜3人）でも

十分だと思います。

　それにしても、これらのいったい何パーセントくらいが国語の授業において達成されていると思いますか？　そして、これらのすべてが達成できる方法があったらいいと思いませんか？　それを紹介するのが、本書の目的なのです。

表1－2　29人のアンケート結果

・本と会話すること。
・楽しむこと＆反応すること。
・ドキドキ、わくわくさせてくれる最高の遊び。
・好きなことの一つ。暇なときは読書みたいな感じ。今となっては楽しいことになった。
・「見過ごしているものを見つけるため」だと思います。
・好きな本をたくさん読んでシリーズすべて読み尽くして、爽快感を味わう。しかも頭もよくなるスゲーもの。
・知ること。楽しむこと。悲しむこと。泣くこと。うれしいこと。悔しいこと。
・笑顔になれること！
・自分の習慣のひとつ。マイブームです。読書は友達。相棒かな。
・私にとって「読む」とはすっごくたいせつなことだと思う。
・楽しみ！（5人）
・自分の可能性を広げてくれること。
・「みんなで！」ってことと「続ける！」ってこと。
・いろんなことが分かる！かな？　だって面白い世界を知る辞書みたいなもんじゃん、本は。だから、いろんなことを知ることができるってことだと思う。
・世界を吸収すること。
・読むとは「学ぶこと」でしょう。あと、「楽しむ」こと！
・好きなこと！
・学ぶこと。
・楽しく読解力がつく。勉強に役立つ。
・勉強の力もつくし、なんかいいな！　本を読んだほうがいろいろな力になるよ。
・勉強と一緒？　読めば読むほど漢字やいろいろなことが分かるから。
・読んで楽しんだり、書く力を鍛えたりすること。

第**2**章
これまでの教え方

　あなたが、かつて読み方について教えてもらった授業はどのようなものでしたか？　私が小学校低学年の時にさせられたのは、声を出して順番に読まされたことです。そろそろ順番が回ってくるな〜と不安を感じると、自分が読むことになる部分を予測し始めることに忙しくなって、書いてある内容を味わうような余裕はありませんでした。もちろん、自分の番が終わったらもう読む必要がないのですから、本に書いてある内容以外のことを考えていたという悲しい記憶しかありません。

　一方、小学校高学年から高校にかけて覚えていることは、教科書に載っている作品を段落ごとに読み、指示語は何を指しているのか、作者の言わんとしていることは何か、またこの段落の要旨は何かなどを細かく解釈するといった授業でした。ただ読むのであれば数分で終わってしまうのに、何時間もかけたこと、そしてどこの誰が決めたのかも分からない解釈を押し付けられたことに価値を見いだすことができなかった私は、読むということが嫌いになりました。

　当然、読む力もついたとは言えず、今考えれば無駄な時間をひたすら過ごしたと思っています。ちなみに、私が主体的に本を読みはじめたのは、大学院を卒業して「読まないといけない本」から解放された時で、好きな本を読みはじめた25歳くらいになってからのことでした。

　今挙げた二つはいずれも大きな問題ですが、そのスケールを考えると、ここで論じなければならないのは後者のほうです。なお、前者の順番に読むという方法は、やってはいけないことの筆頭に挙げられることのようです。そのことを、今回本書を書くにあたって情報収集している過程で分かりました。今の日

本の教室で、続いていないことを祈ります。

　後者の問題の大きさは、「いかに読むか」という内容の本や雑誌の特集が後を絶たないことでも分かります。私だけでなく、多くの子ども達や大人達を「読むこと嫌い」にするだけでなく、まったくと言っていいほど読む力をつけないこの教え方（読解教育）が長年主流であり続けている原因はいったい何なのでしょうか？

　単純に、「ほかの方法を知らないから」と言えるかもしれません。教師達は、頑張って教科書をカバーする存在と自分達を位置づけていますし、文部科学省や教育委員会はもちろんのこと、親、マスコミ、政治家、産業界すらもがそれを当然のこととして捉えています。それも仕方のないことでしょう。なぜなら、誰もほかの方法を体験したことがないのですから。

　しかし、繰り返しますが、この教え方で読むことが好きになったり、読む力がついたと言える人はいないはずです。仮にいたとしても、極めて少数なはずです。

テストによってもたらされた「正解あてっこゲーム」

　それではなぜ、効果的ではなく、読むことを好きになれない、読む力もつけない教え方が延々と続いているのでしょうか？　この現象に対して疑問を感じる人がいないという事実自体が大きな問題なのですが、何といっても、テストや試験といったシステムにその影響があるように思われます。

　テストや試験は、「答え」（それも一つの正解）があることを前提にして成り立っているものです。そうなると、テストや試験に向かって準備をする場が授業ということになります。答えというか、正解がないものは扱えないというのが授業のスタイルになってしまっているわけです。

　もう40年近く前の話になりますが、私が教育と関わりはじめたきっかけとい

うのは、「外国人との交流ごっこではない国際理解教育」の普及活動でした。言うまでもなく、それには正解のないものがほとんどです。当時の先生達の反応は、「正解のないものは教えられません！」でした。

　このようなスタンスは、不幸にも、国語だけでなく全教科を覆っています。その結果、授業の中で教師は、正解を求める質問（すでに答えが分かっている発問）を連発することになります。子ども達が本当に関心あるのは自分の中から沸き起こってきた疑問であり、答えが容易に分からないことに対して興味をもつにも関わらず、このような質問を繰り返しているのです。この行為を、学校の中だけでしか役に立たない「正解あてっこゲーム」と皮肉っている人が外国には多いです。

　このゲーム用（教科書やテストや試験用）に使われている文章には、注意深く答えが一つしかないものが選ばれているのですが、実際、社会の中に充満している文章には、読み方によっては（あるいは、読む立場によって）答えが複数あるものや、答えそのものが読み取りにくいものもあるわけです。このような現実と、学校の中で行われていることの間には大きなギャップがあると言えます。

　多くの日本人は、「テストのみで能力が測れる」ないしは「一番いい評価の方法はテストである」という信仰心にも近い意識をもち続けています。これも読解教育が続いている原因と同じで、それ以外を知らないし、体験したことがないからという極めて単純な理由によるものです。

　しかし、現実には、テストで測れる人間の能力というのはよくて10分の1、普通は20分の1以下でしかありません。そんなものに頼り続けていていいのでしょうか？　そんなものが教え方までを左右し続けていることは、本末転倒だと思います。[1]

図2－1　三つのレベルの理解

A	B	C
言葉・漢字 文章の構造 指示語が指すもの 文章（段落）の要旨 作者の狙い	関連づける 質問する イメージを描く 推測する	解釈する 評価する 批評する 自分に活かす

（出典：*Nonfiction Reading Power*, p16を参考に筆者作成）

② 表面的な理解に焦点を当てているこれまでの教え方

　テストをすればするほど、テストで測れるものしか教えなくなります。図で表すと分かりやすいので、**図2－1**を見てください。

　Aは、表面的な理解というか、文字面レベルの理解と言えるのに対して、BとCはより深いレベルの理解をもたらすものです。ご覧になって分かるように、Aには正解があるのに対して、BとCにはほとんど正解が存在しません。Bは書いてある内容と読み手とのやり取りから生まれるものであり、Cは読み手一人ひとりが自分で考え出す理解や解釈です。Bは、作品と読み手の役割が半分半分という感じですが、Cでは、作品をベースに読み手が何を考えているのかが大切になります。

　現在行われている読みの教え方は、ほとんどの場合Aのレベルであり、回答

★1★評価はよくするための手段という視点で、多様な評価の仕方を紹介している『テストだけでは測れない！』（吉田新一郎　NHK生活人新書、2006年）を参考にしてください。教え方と評価の仕方は、コインの裏表の関係にあることも分かります。

に自分の考え（BやC）を含めてしまうと減点されるという恐れさえあります。しかし、この三つは最低限どれも同じレベルで扱わないといけないものですし、Aは、BやCの手段として位置づけたほうがいいぐらいです。

　BやCができるようにならない限りは読むことが楽しくなりませんし、自分のものにもなっていきません。さらに言えば、表面的な理解（正解のある質問）だけを追求する授業では、自立した読み手を育てることはできません。

　また、Aは狭い意味での読解に限定された力でしかありませんが、BやCはすべての教科で役に立つことですし、あらゆる分野の専門家が実際に使っていることですから、それを磨くことは極めて有意義なことになります。本書は、BとCを可能にするための多様な方法を紹介することを目的としています。

③ 教科書の存在

・教科書で読むことが好きになった人はどれくらいいるでしょうか？
・教科書が、本物の本を読む糸口となった例はどれくらいあるでしょうか？
・教科書の、いったい何が問題なのでしょうか？

　子ども達によい教育を提供するためにより良い教材を提供したい、という意図が空回りしているのが現在の教育だと思います。読むことが好きになれない、読む力がつかないという最大の理由は、自分が選んだ本で授業を受けていないからです。自分が選択に関われないで与えられた教材とは、誰しもほどほどにお付き合いをするしかないからです（それは、子どもも大人も同じです）。

　残念ながら、読むことも、書くことも、聞くことも、話すことも、あらかじめ設

自分が選んだ本だと姿勢も関係ない！

定されたテーマや教材を与えられるようなことでは熱心に取り組めません。最初の段階で、ボタンの掛け違いが起きてしまっているのです。

　与えられたものですべてが行われてしまうと、様々な悲劇が次々と襲ってくることになります。

　　・教えた気、学んだ気になれる授業の横行。
　　・教科書をカバーすることが勉強することなんだという思い込み。
　　・読むことは「受動的なもの」という思い込み。
　　・正解は常にあるという思い込み。
　　・自分にとって意味のある体験はなかなか得られないので、圧倒的多数の子ども達にとってはよく学べないという状態の継続。
　　・教科書さえカバーしていれば学べない原因を子ども達に転化できるので、教師は自らの教え方を問い直したり、改善したりする必要性を感じないという状態の継続。

　上記には含めませんでしたが、最悪の問題は、授業における主役の転換が起こってしまうということです。本来、学びの主役は子ども達であるわけですが、教科書があることで主役が教師になってしまっています。誰が一番長く話しているかを考えれば明らかです。

　長く話す人というか、教える人が一番よく学ぶことになりますから、教室の中で一番よく学んでいるのは教師ということになってしまいます。単に聞いたり見たりしたもののほとんどが消えてなくなる運命にあるということは、私達大人はこれまでの体験を通してよく知っていることです（75ページの**表4-3**を参照）。

　しかし、実は教師も主役ではないかもしれません。教師も教科書に書いてあることをカバーしているだけですから、本当の主役は「教科書」と言ったほうがいいかもしれません。そして、主役である教科書が、脇役となってしまった子ども達（それも一人ひとりの異なる子ども達）のことを考えたり、どんな状況に置かれているのかなどと配慮してくれることはありません。

教科書と教師主導の授業では、子ども達は従うだけ

　すでに書いたように、教科書はカバーすること、こなすことが目的になりがちのため、教師も子どももなかなか主体的にはなれないように思います。扱う題材に対して誰もコミットできないため、お付き合いレベルの関わりをもつだけになります。

　自分が選んだわけではないため、当然のごとく「自分のもの」という意識にはなれませんから、熱心さや自ら率先して取り組むといったことからは程遠く、学ぶことの面白さを味わうということはまったく期待できません。同時に、学ぶことの「責任」や教えることの「責任」といったものもどこかに飛んでいってしまいます。

　このような状況では、読みの時間、国語の時間、そしてすべての教科の時間が、受動的に、言われたことをおとなしくこなすことを練習し続ける場になってしまうというのも仕方のないことです。しかしながら、今日本社会で求められていることは、誰かに言われたことを覚えることではなく、自らが考えて自分なりの意味をつくり出していくことです。自立した読み手であり、書き手であり、学び手であることの重要性を考えると、これまでの教え方では達成することは無理としか言えません。

読むことの妨げになっている要因

　ジャネット・アレンが『*Yellow Brick Roads*（黄色いレンガの道）』[★2]という本の中で、すべての生徒にとって読むことの妨げになっている要因をリストアップしています。もちろん、このリストはアメリカの中学校と高校の生徒を念頭に入れて挙げられたものですが、日本の小・中・高校生にも当てはまるリストだと思いますので紹介しておきます。

❶興味・関心やモチベーションの欠如。

❷不十分で、不適切な図書。

❸読む時間（読むことを楽しむ経験）の欠如。

❹テストとそのための準備としての授業。

❺教師による適切なサポートの欠如。

❻表面的なレベルの理解すらおぼつかない現状（**図2－1を参照**）。

❼不十分な基礎知識（や体験）。

❽効果的な読みの方法を身に着けていない。

（*Yellow Brick Roads*, p38を参考にして筆者作成）

　私だったら、これに「❾学習指導要領や、それに基づいて書かれている教科書の子ども達に対する期待値の低さ」を含めます。「このぐらい知っていればいいだろう」という気分で書かれている教科書は、子ども達に対して極めて失礼な内容なのです。

　しかし、その❾および❶～❻は、『ライティング・ワークショップ』ないし『作家の時間[*3]』の実践によって書くことが好きになり、かつ書く力を身に着けるのと同じように、『リーディング・ワークショップ』ないし『読書家の時間[*4]』の導入ですべて解決してしまいます。問題は残りです。

　まず❼は、家庭が子ども達にどれだけ価値のある体験をさせられるか、また国語以外の教科で、どれだけ意味のある学び、つまり子ども達が自分のものと思えるような教え方が実践できるかにかかっています。その意味では、ほかの教科も国語の読み・書きと同じ課題を抱えていることになります。

　そして❽は、まさに「パート2」で扱う内容です。

....

★2★Janet Allen は、20年間、メイン州の中・高で教えた後、フロリダ州の大学に移って教えていましたが、現在はフリーで学校や教育委員会のコンサルティングをしています。

★3★『ライティング・ワークショップ』（フレッチャー＆ポータルピ／小坂敦子・吉田新一郎訳、新評論、2007年）、『作家の時間』（プロジェクト・ワークショップ編著、新評論、2008年）を参照してください。

★4★『リーディング・ワークショップ』（ルーシー・カルキンズ／吉田新一郎・小坂敦子訳、新評論、2010年）、『読書家の時間』（プロジェクト・ワークショップ編著、新評論、2014年）を参照ください。

第3章
反応をベースにした読み

　本章で紹介するのは、ルイーズ・ローゼンブラット[★1]が提唱したことです。日本では、その存在がほとんど知られていませんが、その理由を私なりに考えると、日本の教育界の鎖国体制にあるようです。国語を専門にしている人達にとっては、英語圏で英語を教えるためにどのような改善が図られているのかということについてはほとんど関心が向けられていません。また、英語を教えている人達にとっても、「外国語としての英語」がどのように教えられているかということには関心が向いても、「母国語としての英語」がどのように教えられているかについてはあまり興味がないようです。

　したがって、少なくとも英語圏では「読み」「書き」についての研究や実践、そしてそれに伴った出版が最も充実している分野であるにも関わらず、日本ではそれがほとんど紹介されないという状態が続いています。それが理由で、日本の「読み」「書き」（国語）教育が一向に改善されないと言えます[★2]。

　ローゼンブラットが提唱したことは、「reader response theory（読者反応論）」や「transactional theory（交流理論）」と呼ばれています。

　驚いたことに、彼女がこの概念を最初に提唱したのは1938年に出版された『*Literature as Exploration*（探求としての文学）』という本の中だったのです。しかし、彼女の主張は、本家のアメリカでも1970年代まではあまり話題になりませんでした（特に引用などが多くなったのは、リーディング・ワークショップが本格的に普及しはじめた1990年代です）。

　何と言っても、当時の欧米では、あとで紹介する「new criticism（新批評論）」が主流となっていました。現在においては、彼女が提唱したことがリーディン

グ・ワークショップを実践する人達の理論的な支柱の一つになっています。その理由は、「より良い読み手を育てる＝読みたいものを読みたいように読む」だからです。

ちなみに、教育界において話題となるまでに50年もの時間を要した理由の一つに、彼女が女性だったということもあるようです。女性軽視（蔑視）は、洋の東西を問わず現在も続いている大きな問題と言えます。

読むという行為は読み手とテキストの共同作業

ローゼンブラットの主張は、「作者が書いたテキストは、読者が読んで意味をつくり出すまでは紙に落ちているインクにすぎない」というものです。つまり、読者によって解釈され、意味がつくり出されて初めて作品になるというスタンスなのです。これは、私も含めて多くの人達がその弊害を受けた新批評論の立場（ある権威者が考え出した解釈を押し付けるという、日本の国語教育の主流であり続けてきたアプローチ）とはずいぶん違います。というより、正反対の立場に立つアプローチです。要するに、一人ひとりの解釈は違うわけですから、正解も存在しないことになります。これによって、どれだけ多くの子ども達が救われることでしょう。

ローゼンブラットも、彼女を支持するロバート・プロスト[★3]も、「より良い、ないしより悪い読み方はあっても、まちがった読み方はない」と言い切ってい

★1★Louise M.Rosenblattは、2005年に100歳で亡くなりました。フランスのソルボンヌ大学で博士号を取り、長年ニューヨーク大学の教授を務めていました。「読み」の分野で大きな貢献をした一人です。
★2★フィンランドをはじめとする北欧やオランダなどの教育が脚光を集めている理由の一つとして、（日本ではほとんど指摘されたことがありませんが）先生達のほとんどが英語の文献を読めてしまうということが挙げられます。こうした読み・書き教育の本も含めて、全世界に普及している最先端の米国（米国が8割以上といった感じで、残りが英、加、豪、NZです）における教育情報を個々の教師も教育庁や教育委員会などの体制も把握し、そして導入しているという現状があります。
★3★Robert E.Probstは、長年、高校の英語の教師をしていました。現在はジョージア州立大学の教授をしており、代表的な著書は*Response & Analysis : Teaching Literature in Secondary School*, 2nd Edition. 2004.です。

ます。つまり、書き手の言葉と読み手の知識や経験によって意味はつくり出されるからです。決して、どこかの研究者が考え出した解釈が唯一絶対の解釈ではないのです。正解が存在することで子ども達はそれを求めることになり、それによって読むこと（および国語）が嫌いになっているかということに、日本の国語界の人達が依然として気が付いていないことは極めて残念なことです。

　新批評論の考え方は、意味はすでにテキストの中にあり、それを引き出すのが読者の役割だと捉えています。しかし、引き出し方はプロの研究者のほうがはるかに優れているわけですから、自然とそれに頼る（なぞる）形での教え方になります。つまり、私も体験した、すでに存在する解釈を押し付けるという教え方になるのです。そこにおいては、一人ひとりの読者が誰であり、何を考え、何を感じ、何を大切に思っており、何は拒否し、何がよく分からないのかといったことに関してはお構いなしです。知るべきことは、すでにテキストの中にあるわけですから……。

　この新批評論のアプローチに最も批判的だったのが、ローゼンブラットだったわけです。小学校から取り組んでいる授業は、プロの研究者がしていることをそのままレベルダウンさせて焼き直している部分があり、極めて面白くないし応用性もありません。前章ですでに見たように、学校の中だけで通用する「正解あてっこゲーム」でしかないのです。

　すべての子ども達をより良い読み手にすることを目標としたローゼンブラットは、文学は読み手のために書かれたものであり、研究者のために書かれたものではない、と考えていました。また、文学に浸るという体験を子ども達から取り去ってしまうことにも危惧していました。

　子ども達の学びを大切にするということは、「読者」としての子どもを、彼（女）達がもっている興味・関心、様々なことに対する思いやこだわり、責任や物事の良し悪しの判断なども踏まえている存在として捉えることを意味します。新批評論が、読み手と書き手を無視してテキストの解釈を重視しているのに対して、テキスト（書き手）と読み手のトランザクション（やり取り）を大切にしているというのがローゼンブラットのアプローチなわけです。

第3章　反応をベースにした読み　57

　先に紹介したプロストは、似たような主張をした人としてウォルフガング・イーザー[4]やデヴィッド・ブライヒ[5]やロバート・スコールズ[6]（日本ではローゼンブラットよりも知られている）がいるとしながらも、読み手とテキストのやり取りを大切にしているという点で、ローゼンブラットが最もバランスがよいと評価しています。

　ローゼンブラットは、どちらか一方に重きを置くのではなく、読み手とテキストのトランザクション（やり取り）を大切にし、それによってこそ意味がつくり出されると考えたわけです。したがって、つくり出される意味は、書いてあることよりも豊かになる可能性もあるし、当然のことながら、一人ひとり異なったものになり得ます。

　なお、「やり取り」と言うぐらいですから1回限りでないことも分かります。この点については、後述する「読むことはダイナミックなプロセス」と「反応からスタートし、反応を共有することで理解を深める」のところで詳しく触れることにします。

② 著者ですら意味をつくり出す体験をする

　ここで紹介するのは、実は、書いた当人でさえ「これだ！」という解釈などもっていないということを示すことになった私の体験です。私はこれまでに20冊以上の本を翻訳してきましたが、『エンパワーメントの鍵』（クリスト・ノー

★4★ドイツ人の Wolfgang Iser の「受容美学理論」では、作者やその作者が書いたテキストよりも読者が圧倒的に重視されています。『解釈の射程』などが日本語に訳されています。

★5★アメリカ人の David Bleich のアプローチも、個々の読者およびその主観的な解釈（反応）を中心に据えており、『*Subjective Criticism*（主観批評）』というタイトルの本を出しているぐらいです。

★6★同じくアメリカ人の Robert Scholes は、個々の読者の固有な解釈よりも文学や文化の中のパターンやしたきりのようなものを重視しており、後者こそが意味が伝わる源泉と捉えています。この3人（ローゼンブラットを含めると4人）の中で、日本にもっとも紹介され、したがって受け入れられているのはスコールズです。『記号論のたのしみ』『スコールズの文学講義』『テクストの読み方と教え方』『読みのプロトコル』などが訳されています。

デン－パワーズ著、実務教育出版、2000年）を訳していた時に、以下に挙げる
3点について特に衝撃を受けました。

❶作者の手を離れた作品は、読者がそれを呼び覚ますまでは単なる紙の上
　のインクにすぎない。その意味では、読むという行為は読み手とテキス
　ト（書き手）との共同作業である。

❷時期を変えてある作品（本）を読むと、解釈や理解が異なるということ
　を多くの人達が体験している。その時々にもっている知識や体験（気分
　など）の総体が違うため、同じものを読んでも違うもののように読めて
　しまう。それは、作者自身にも言えることである。

❸文学であろうと、絵画であろうと、彫刻であろうと、演劇であろうと、
　芸術作品には「こう解釈しなければいけない」というものは存在せず、
　多様な解釈が許される。作者がどういう意図で書いたのか、またはつく
　ったのかということは二義的なことである。

　私の翻訳能力の弱さも理由なのですが、私は著者と必ずコンタクトを取り、
必要に応じてかなりの量の「やり取り」をして最終訳をつくっていきます。そ
の「やり取り」は、当然、私が発する質問に対して著者が答えてくれるという
形で行われます。そして、先ほど挙げた『エンパワーメントの鍵』ほど、その
やり取りの量が多く、活発だったことはありません。著者が、この本の「まえ
がき」に、「2人の電子メールとファックスのやり取りだけで、もう1冊の本
ができるほどだった」と書いているぐらいです。

　その著者とのやり取りの過程で、そこに書かれていることの意味は、あとで
いくらでも付け足せることを知ったのです。つまり、著者本人が書いた時には
気付いていなかった解釈が、訳者（私）の質問によっていくらでも追加される
ことが証明されたのです。このような経験によって、一つの正解とされる解釈
は、ある権威者の単なる思い付きのレベルにすぎないものだと確信したのです。

　そして読者は、時や場所を変えて読めば異なる解釈となるし、またそうでな
いと、その人自身が成長していないということを証明してしまうということも

分かりました。それがゆえに、著者自身も「まえがき」に、「質問に答えるべく本書を読み返すたびに、新しい発見があった」と書いているのです。書いている当人ですらこうなのですから、それを読む研究者や読者もそうでないとおかしいというか、そうであってほしいと思います。

③ 読むことはダイナミックなプロセス

　ローゼンブラットは、読むことをプロセスと捉えていました。読むことは、自分の考えを変えたり、感想が変わったり、それまで知らなかった新しい事実や視点に気付いたり、多様な感情や気分を味わうなど、変化に富んでワクワクするものだと言うのです。別な言葉を使うと、自分なりの意味をつくり出すために、テキストと読み手は行ったり来たりする継続的に影響しあう関係であり、それも一直線で描かれるのではなく、らせん状のほうがより適切な関係と捉えることができます。

　また、読むということを創造的なアドベンチャーとも捉えていました。例えば、「家」や「犬」という一般的な言葉であっても、イメージすることは一人ひとり違います。文章はこうした一つ一つの言葉の集まりであり、それらの文章がたくさん集まったものが作品なのです。それらを通して私達がイメージすることは、拡散するように広がっていきます。イメージをつくり出すこと一つとってもこうですから、これに選択、統合、予想、質問、想起、修正、判断など（これらについては「パート２」で詳述します）が加わると、意味をつくり出すプロセスは一層ユニークかつダイナミックなものになります。

　私達の多くが国語の時間に体験したような退屈きわまりない、固定化された解釈を見つけ出す「正解あてっこゲーム」などでは決してなく、自らの知識、経験、記憶、先入観や偏見、感情、価値観、思い、期待などを総動員して自分なりの意味をつくり出すのが「読む」という行為なわけですから、本来極めて能動的で自己肯定的なものなのです。そのためにも、たくさんの本を読んだり、

多くの経験が必要であることは言うまでもありません。結局、読むという行為は自分を読むというか、自分をつくり出すプロセスそのものと言えると思います。ゆえに、主体性と責任を伴うわけですから、決して受動的に誰かの解釈を受け入れるようなものではないということです。

プロストの考えを付け加えると、いい読み手は、問いかけたり、振り返ったり、調べ続けるといった行為を通して自分の見方を変えることができるし、また一つの情報源に満足せずに他の情報源を見いだして、比較したり、バランスをとったりすることで自分なりに納得する意味をつくり出す存在だと言っています。

反応から出発し、それを共有することで理解を深める

誰しも、感激したり、興奮したテレビの番組や映画などを見た時は、人に話したくなるものです。本も、まったく同じです。

読むことで自分がもった反応や感想こそを出発点にしてほしい、というのもローゼンブラットの主張の一つです。大切なのは、権威者の行った解釈が何を言っているかではなく、一人ひとりの読者が何を考えたのかということです。

作者の意図も、専門家の解釈もほかにたくさん存在し得る多様な読み取り方のほんの一つでしかありませんから、これまでの授業で行っていたように重視する必要はないわけです。

とは言っても、各自の反応だけを重視するわけではありません。子ども達同士

互いの「読み」を共有しあう子ども達

が互いに話し合ったり聞き合ったりすることを同じレベルで大切にしています。それによって、まず何よりも多様な解釈があることに気付けますし、他人に自らの反応を話すことはより良く考えることも意味します。そして、ほかの人達の反応を聞くことで、自分の思い込みや気付かなかったこと、そして大事な点などを補うこともできます。

　仮に、教師や専門家の解釈ないし作者の意図を提示したいのであれば、授業の最後が望ましいでしょう（子ども達が示したたくさんの解釈と同じレベルのものとして）。それも、子ども達から反応が出なかった場合に限定して提示することがいいと思います。

　その際、教師に求められる役割というのは、子ども達同士のやり取りをより実りあるものにすることです。その時に参考になるのが、『リーディング・ワークショップ』の第13章で紹介されているブッククラブと、アメリア・アレナ
★7
スが美術館で行った鑑賞教育です。

　美術館に行った時、私達は国語の時間の解釈教育とまったく同じことをやり続けています。絵そのものよりも、絵画の脇に掲げてある説明のほうを、重視して読むことを習慣としています。「誰が、いつ、何を描いたのか」が書いてある小さな説明書きを熱心に読み、実際の絵のほうは確認程度に見るだけです。また、普通、有名な人が描いたのかどうかに重きを置いており、その事実だけでいい絵なのかどうかを判断しています。

　長年行われてきたこのような鑑賞教育におかしさを感じたアレナスは、ニューヨーク近代美術館で子ども達を対象にしてギャラリー・トークをはじめました。どういうものかと言うと、彼女が作品についての解説をするのではなく、一つの作品に絞って、それに対する子ども達の様々な反応を引き出していくというものです。そして、彼女はそれらの反応をすべて受け入れ、一つの大きな解釈を子ども達と一緒につくり出すというものです。

　彼女の取り組みについての本は、『なぜ、これがアートなの？』（福のり子訳、

★7★ベネズエラ人のAmelia Arenasは、1984～1996年にニューヨーク近代美術館（MoMA）の教育部に勤務し、対話鑑賞プログラムを開発しました。現在、それを各国の美術館に普及して回っています。

淡交社、1998年)、『みる・かんがえる・はなす』（木下哲夫訳、淡交社、2001年）や『まなざしの共有』（上野行一監修、淡交社、2001年）などが出版されていますから（ビデオもあり）、ぜひ参考にしていただければと思います[8]。

私達の多くは、権威者の解釈を受け入れることが当たり前であった時代の国語教育や美術の鑑賞教育を受けてきているので、読んだものや観たものから自分なりの意味をつくり出してもいいんだとはなかなか考えませんでした。しかしながら、「理解する」ということは、どこかの専門家が行った解釈を受け入れることをはるかに超えて自分なりの意味をつくり出すことなのです。

ローゼンブラットは最後に「学校を『教える機関』から『学ぶ機関』に転換する必要がある」と主張しています。物事は（書いてある内容にしても）一方的に教え込まない、ということです。

しかし、わが国においては、官僚や政治家、そして教育者の多くが、いまだにそれは可能だと思い込んでいるようです。そういう考え方で教育を捉える限りは、子ども達にとってはもちろん、教師にとっても、そして究極的には社会全体にとっても悲劇が続くことになるのです。

プロストも、「いい読みは、一人では自ずと限界がある」としています。つまり、各自の反応を出発点にして話し合うことで、より良く理解することができ、自分のものにすることができるわけです。話したり、聞いたり、考えたりしないと解釈・理解力が弱いままになってしまいます。各自が反応を出す方法と、反応をベースにして話し合う方法については193〜203ページを参照してください。

★8★私が1990年代に教育の世界に関わるきっかけとなったグローバル教育も、これと同じ「問いかけアプローチ」を使っていました。関心のある方は、国際理解教育センターが翻訳・発行している『ワールド・スタディーズ』（1991年）、『木と学ぼう』（1992年）、『いっしょに学ぼう』（1994年)』、『テーマワーク』（1994年）などを参照してください。

なお、鑑賞教育や上で紹介した国際理解教育や環境教育とブッククラブの違いは、進行役としての教師が必要かどうかです。前者にはそれが不可欠なのですが、ブッククラブには必要ありません。ブッククラブの進め方については、http://thegiverisreborn. blogspot. com／2009／11／blogpost. html を参照ください。

第 4 章
これからの教え方

 自立した読み手を育てる効果的な方法はあるのか？

　本章で紹介するのは「リーディング・ワークショップ」という方法なのですが、それについて紹介する前に、これを行うことでどのような効果が得られるのかを見ておきましょう。

　まず、2年間にわたってリーディング・ワークショップを実践した先生の、2年目の年度（6年生）の初めと終わりに行ったアンケート調査の結果です。すでに数字がかなり高い傾向を示しているのは、クラスの半分が持ち上がりだったからです。ちなみに、44ページで紹介した「あなたにとって『読む』とは？」という質問に対する回答も、このクラスのものでした。

　それでは、持ち上がりではなかったMさんの場合を紹介しましょう。4月当

Q：本などを読むことは好きですか？

	とても好き	どちらかと言えば好き	どちらかと言えば嫌い	とても嫌い
4月	19	10	2	0
3月	24	7	0	0

Q：友達と本のことについて話すことはありますか？

	よくある	たまにある	あまりない	まったくない
4月	4	14	13	0
3月	16	15	0	0

初に行われたアンケートで、彼女は読書について「どちらかと言えば嫌い」と書きましたが、実際は「とても嫌い」だったようです。最初は読書への抵抗感もあからさまで、「どのくらい読みますか」という質問に対しては、4月当初、「あんまり読まない。1か月に1冊とか2冊とか」と答えていました。それが、1学期の終わりに「本好き度は何パーセントぐらい?」と聞いたら「40〜50パーセントぐらい」と上昇し、2学期後半からは、月に4〜5冊読むほどの読書家になっており、卒業する前の3月には読むことが「とても好き」にまでなっていました。

　「いろいろな種類の本を、きちんと理解しながら、スラスラと読めるようになるとどんないいことがあると思いますか?」や「どうすれば、そうなると思いますか?」という質問に対しては、4月の段階では「本のことがいろいろ分かって楽しくなる」とか「毎日少しずつ読んでいく」としか答えられなかったのが、約1年後には「いろんな種類の本が読めて楽しいし、いろんなことが分かる。例えば、戦争のこととか時間のこととか、死のこととか、友情のこととか……」と答えたり、「毎日、少しずつ本を読んでいったり、自分の好きなテーマ、例えば冒険系とかファンタジー、面白い系とかの本を読んでいったり、ブッククラブとかで本のことを話し合ったりするといいと思う」と答えています。

　このような変化は、従来のような教科書をカバーするような授業や「朝読」で可能だと思われますか?　次項で、その種明かしをします。

② 自立した読み手を育てるリーディング・ワークショップ

　リーディング・ワークショップは、読むことをワークショップ形式で学ぶという意味です。技術家庭や図工・美術の授業を思い出してください。そこでは、教師が見本を示しながら子ども達は実際に「すること」を通して学んでいきます。それと同じ方式です。

第4章　これからの教え方　　65

　これを最初にはじめた人はナンシー・アットウェル[1]という人で、中学校でライティング・ワークショップを実践していた人です。書くことを教える方法として、それが極めて効果的であることを確信した彼女は、それを読むことに応用したのです。ですから、その構造はライティング・ワークショップとまったく同じです。ライティング・ワークショップを一言で説明すれば「作家になる体験を通して書くことを学ぶ」ということなので、リーディング・ワークショップは「読書家になる体験を通して読むことを学ぶ」こととなります。

　リーディング・ワークショップは、教材の解釈ができるようにすることを主な目的とはしていません。先に紹介したMさんの反応に物足りなさを感じる人もいるかもしれませんが、Mさんが読み手として確実に成長したことは事実です。

　子ども達が読み手として成長するためには、何よりも読むことが好きになり、主体的に読むことが保証され、そして読む練習ができるだけのたくさんの時間が必要です。リーディング・ワークショップは、それを実現する教え方であり、そのために必要とされる極めて効果的な枠組みというか方法を提供してくれています。

　リーディング・ワークショップは、年間を通して、小学校低学年ではほぼ毎日、高学年や中学・高校でも毎週2～3時間は行うことが求められます。それだけの時間が確保できないと効果が得られないからです。何事も、うまくなるためには練習以外にありません。スポーツや趣味の世界では練習してうまくなるという当たり前のことが、勉強の世界では必ずしも理解されていないようです。「教師が一度教えたことは分かるはず」という、まちがった前提がはびこっているのです。

★1★Nancie Atwell は、1973年から中学校の英語の教師をしています。現場の教師のなかで「読み・書き」教育に与え続けている影響力は最も大きいと言われています。彼女の著書『In the Middle（すべての真ん中）』はあまりに好評で、その印税で自分の学校（Center for Teaching and Learning）をつくってしまったと言われていますが、現在も教え続けています。
★2★詳しくは『ライティング・ワークショップ』および『作家の時間』（共に新評論）をご覧ください。

66　パート *1*　読む力がつく教え方・学び方

　ライティング・ワークショップで「本物の作家になる体験」を通して学んだように、リーディング・ワークショップでも「本物の読書家になる体験」を通して学ぶことが大きな特徴です、とすでに書きました。具体的には、作家は、題材探し→下書き→修正→校正→出版のサイクルを繰り返していますが、読書家のほうは、選書→下読み（優れた読み手が使っている方法で意味をつくり出す）→修正（読み直し、ペア読書、ブッククラブ）→紹介（テーマや作家を設定して何冊かの本を読むブック・プロジェクト）というサイクルになります。

　これまでの読解の授業では、教師が教えることにたくさんの時間を費やすのに比べて、子ども達が実際に読む時間はまったくと言っていいほどありませんでした。本を読むこと自体、国語の時間とは関係ないものと位置づけられているぐらいです。読書は、朝読や「図書の時間」にするものだと依然として思われています。先にも述べましたが、教科書という教材を通して読むことが好きになったり、読む力をつけた人がいったいどれほどいるのでしょうか？
　読むことを好きになったり、かつ読む力をつけるために必要なことは、何よりも子ども達自身が読むことだということはすでに述べたようにはっきりしているので、子ども達が「ひたすら読む時間」を一番長く確保しているのがリーディング・ワークショップの特徴となります。
　では、教師は教えないのかというと、そんなことはありません。「ミニ・レッスン」と称するリーディング・ワークショップの最初の5〜10分を使って、短く、しかも子ども達のニーズを配慮しながら教えます。その後、子ども達がひたすら読んでいる時は、個別指導ないし、同じような課題を抱えている子ども達を集めてグループ指導を行います。そして、授業の最後には、子ども達が読んでいる本について、クラス全体や小グループやペアで共有する時間をもつのですが、それもミニ・レッスンやひたすら読んでいる時間に教えたことを補強するためのものとして有効に活用します。
　したがって、従来のように一斉指導をする時間は短いのですが、子ども達のニーズにあった形でより適切に指導を行うので、子ども達が活かせる、使いこ

なせる形で教えていくことができます。**表4－1**（68ページ）に、リーディング・ワークショップの特徴をまとめましたので参照してください。

また、**表4－2**（69ページ）は、子どもの読む力がつかず、しかも多くの子どもが読むことが嫌いになってしまう読解の授業とリーディング・ワークショップを比較したものです。

③ リーディング・ワークショップが成功する要因

表4－1ではリーディング・ワークショップの特徴を、**表4－2**では従来の読解の授業との比較を整理しましたが、ここではそれらも踏まえながら、なぜリーディング・ワークショップが成功するのかという要因の分析を八つの項目に整理して行います。

①時間の確保

すでに65ページに書いたように、毎週、最低でも2～3時間を年間を通じて行うことが最大の要因と言えるでしょう。まさに、継続は力です。なお、時間の確保のなかには、学校での時間だけでなく、学校以外（特に、家にいる時）の読む時間も大切ですから、家庭との連携がとても重要になります。少なくとも、学校で読む時間と同じか、それ以上家で読む時間を確保することが目標です。

②二つの枠組み

二つの枠組みとは、1時間の「ミニ・レッスン→ひたすら読む／カンファランス→共有」というサイクルと、年間を通して行う「選書→下読み→修正→紹介」という読書家のサイクルのことです。

この二つの枠組みは、子ども達や教師の制約になるのではと思われる人もい

68　パート *1*　読む力がつく教え方・学び方

表4－1　リーディング・ワークショップの特徴

1　「本物の読書家」になる体験を通して学ぶ。選書→下読み（優れた読み手が使っている方法で意味をつくり出す）→修正（読み直し、ペア読書、ブッククラブ）→紹介（テーマや作家を設定して何冊かの本を読むブック・プロジェクト）のサイクルを年間通して実践する。
　　──教師に頼らなくても自分なりの意味をつくり出せるような「自立した読み手」になる。

2　年間を通して最低でも週2時間実施（小学校低学年はほぼ毎日）。
　　　　　　　　　　　　　　　　　　　　　──たくさん読む。

3　とにかく読みたいものを読む。
　　　　　　　　　　　　　──子ども一人ひとりが自分で読むものを選ぶ。

4　毎時間の使い方は、最初の5～10分でミニ・レッスンを行い、次の30分はひたすら読み、その間、教師は個別やグループを対象に相談にのる（カンファランス）。子ども達がペアやグループで読んだ本について話し合うことも「ひたすら読む」に含まれる。最後の5～10分は共有する。毎時間、この同じパターンを繰り返す（カンファランスや共有からミニ・レッスンの題材が生まれると同時に、年間指導計画からもミニ・レッスンが考えられる）。
　　──教師はミニ・レッスン、カンファランス、共有の三つでしっかり教える。

5　生徒は、読書ノートと付箋を常にもっていて、面白いところや情報、反応・感想・疑問、読んだ分量、読んだ本や読みたい本のリスト等を書き続ける。

6　本物の作家やジャーナリスト達が先生。

7　クラスの友だちは（先生も！）読み仲間。
　　　　──安心して話し合う／サポートし合う時間をふんだんにもつ。

8　推薦に値する本や記事は、共有の時間等を使って頻繁に相互に紹介しあう。
　　──紹介しあうという形で祝うことで、他の読者や書き手やジャンルについて意識する。

9　教師は、様々なジャンル（詩、説明文、物語、手紙、投稿、宣伝文など）や「優れた読み手が使っている方法」などについて教える。学習指導要領の指導事項を計画的に位置づける。　──高い期待を子ども達に対してもつ。

第4章 これからの教え方　69

表4-2　これまでの読解の授業とリーディング・ワークショップの比較

	これまでの読解の授業	リーディング・ワークショップ
教え方と学び方	・読む題材（教科書教材）が決まっている ・単元の間しか読まない（しかも、教材のみ） ・子どもは教師に付き合って読む人 ・学校の中でしか役立たないバーチャルな体験 ・自分に合う本を選べない／良書が提供される ・教科書をこなすことが目的 ・読むことが嫌いになる人が多い ・ジャンルが限られている ・自分理解／発見の側面がない・弱い ・すでに「正解」の解釈が存在する ・正解をあてるゲームとしての授業やテスト ・読むことは孤独な作業 ・読んだことについて紹介する機会がない ・読んだことを共有する楽しみがない ・解釈の結果（「正解」）重視 ・振り返りがない ・教師は読んでいるところを見せない ・教師は「正解」の解釈を教える ・教えるのは教師のみ ・個別のサポートは皆無に近い	・読みたいものを読む ・年間を通してひたすら読む ・子どもは「読書家」（主体的に読む人） ・本当の体験 ・自分に合う本を選べる力が身に着く ・自立した読み手になることが目的 ・読むことが好きになる／読む力がつく ・様々なジャンルが読める ・自分理解／発見のために読む ・すべての出発点は自分の反応・解釈 ・読む時に応じて反応・解釈は異なる ・読むことは個別の作業であると同時に、協力し合って行う楽しい活動 ・発表・紹介する機会が多様にある ・読んだことを共有する楽しみと時間を重視（具体的には、共有の時間、ブッククラブ、ブック・プロジェクト、読書パートナーなどを通して） ・プロセス重視（もちろん結果も） ・ふりかえりを重視 ・教師も読む人（見本を示す人） ・教師は優れた読み手が使っている方法をていねいに教える ・たくさんの本に出合えるようにサポートする ・たくさんの本物の作家達やクラスの友達も先生（もちろん教師も） ・個別にサポートする時間が一番長い
評価の対象	・テスト ・観察も多少 ・読書感想文	＜ポートフォリオ評価そのもの＞ ・カンファランスの記録 ・読書ノート ・本の紹介文、教師や友達との手紙の交換等 ・ブッククラブやブック・プロジェクトやペア読書の振り返り（＋それらの観察記録） ・自己評価・相互評価・教師の評価
評価の方法	・すでに存在する「正解」 ・教師の主観（？）	・評価基準表　～　これにより、何をどうすればよいよい読み手になれるかが分かる（可能なら子どもたちと一緒につくる）

るかもしれませんが、子ども達は何をすべきかを知っているし、そのなかでは自由に取り組めることを知っているので、作家や画家や科学者達がそうであるのと同じように、従来の教師主導の授業よりもはるかに想像的かつ創造的になれるのです。

③読む本の選択

　「自分が読みたい本を読む」ことにもすでに触れました。これも、読むことを好きになり、かつ読む力をつけるためには不可欠なことで、これまでの国語教育に欠落している点です。「読みたい本を読む」ために欠かせないことは「自分にあった本を選ぶ」ことですが、リーディング・ワークショップでは特にこれを重視しています。これこそが、人生を通して読み続ける際に最も大切な力であることを認識しているからです。

　誰かが決めた「良書」やその一部を読んでも（しかも、固定的な解釈までがそれと一緒についてきては）読むことが好きになったりすることはないでしょう。ましてや、読む力がついたという人は一握りもいたら多いほうでしょう。また、自分自身が選んだものを読む時と、半強制的に読まされるものに接する

教室の中の図書コーナー

第4章　これからの教え方　71

時の違いは誰もが体験していることです。

　自分にあった本を選べるためには、たくさんのよい本が不可欠となります。教師と親には、絶えずよい本や文章をあらゆる所から集めることが求められます。とにかく、好きなものを読んだり、ブック・プロジェクトのように目的をもって読んでいる見本が身近にあることが子ども達を本好きにし、それによって本を選ぶ力と読む力がついていくのです。残念ながら、教科書教材をいかにうまく使いこなせるかということは含まれていません。

④しっかりと教える

　「自立した読み手」になるためにしっかりと教えます。要するに、優れた読み手が使っている方法をマスターすることです。それも、必要なスキルが身に着く形でマスターすることが重要となります。生徒達に正解のある課題を出して当てさせたり、覚えさせたりすることが目的ではなく、様々なジャンルを扱いながら考えてもらうことが目的となります。これについては、「パート2」で多様な方法を詳しく紹介します。しかしながら、読む方法について必要以上に教えすぎることには注意をしなければなりません。あくまでも、子ども達のニーズに応じて教えるように心がけることが大切です。

　なお、「しっかりと教える」という行為のなかには、継続的なサポートやフィードバック、子ども達同士の教えあいも含まれます。あとで見るように（75ページの**表4－3**や78ページの**表4－5**を参照）、従来の教師が一方的に教えるという教え方は、身に着くレベルでの学びを考えた場合にまったく効果的ではないことがすでに分かっているからです。

⑤反応・フィードバック

　読むということを、「各人の中で意味がつくり出されること」と捉えると、各人が読んだ時の反応というものが極めて大切になります。教師の考えや、ど

こかの権威者が考え出した解釈、そして友だちが言ったことではなく、まずは「自分が何をどう考えたか」が重要です。それを可能にする多様な方法を紹介するのが本書の目的であり、「パート2」はすべてをそれに割いています。

　従来の授業では、教師があらかじめ用意した（あるいは、教科書の指導書に書いてある）質問や課題に生徒が反応していました。一方、リーディング・ワークショップでは、子ども達の反応のほうを優先します。その意味では、180度の役割転換が行われることになります。生徒達を「主役」と位置づけて、考えたことを話してもらい、教師は聞き役になるのです。

　話したり、書いたり、演じたり、話し合ったりと、反応の仕方は様々です。もちろん、独りよがりな「思い込み」は避けたいですから、他の人と互いの反応を共有しあうことで考えを広げたり、深めたり、修正したりします。反応を共有しあうことにはとても価値があります。様々な反応の方法については、「パート2」の第7章で紹介します。

⑥「読み」のクラブのような関係を築く

　⑤の最後の部分、それぞれの反応を何の不安もなく共有するためには、クラス内の子ども達同士の関係がよくなくてはできません。要するに、言いたいことが言え、聞きたいことが聞ける雰囲気を教室の中につくることが大切です。

　そのためには、まず子ども達を知ることです。子ども達の強みや弱み、得意や不得意、興味や関心、経験やバックグランドなどについて教師が知る過程に子ども達を巻き込んで、お互いに知りあう機会とします。その時、生まれてからまだ10年そこそこしか生きていない子ども達でも何かについて「エキスパートである」（他の人が面白いと思える何かをもっている）という前提に立てると、すごいことが起こりはじめます。

　信頼の絆が太くなり、新しいことにトライすることが容易になるので、みんなの学びの質と量が飛躍的に高まります。つまり、誰もが参加したくなる「クラブ」のような雰囲気ができあがるのです。そこには、互いに学びあう、教え

あう、情報を交換しあう、助けあう仲間が存在し、受けられるサポートも多様なのでより良く学べる環境が当然のようにつくられるのです。

　このようなクラスでは、主役が教師から子ども達に移行しており、学び方の違いやスピードの違いにも対応が可能となり、教師も自己開示ができています。保護者の理解も得られ、彼らに積極的に参加してもらえるような状況もつくることが可能となるでしょう。

⑦評価

　リーディング・ワークショップの評価は、子ども達の学びをさらに促進することと、教師の指導を改善することを主な狙いとして行われます。それを可能にする様々な方法や手段も駆使されています（表4－2の下を参照）。

　それらは、子ども達が「ひたすら読んでいる」時やブッククラブをしている時に子ども達とのやり取りを残すカンファランスの記録（これを残すことで、教師は適切なフィードバックやサポートが可能になります）、子ども達が何をどれくらい読み、それらについてどんなことを考えたのかを記録する読書ノート、教師や友だちとの交換ジャーナル、特に面白かった本について書いた紹介文、ペア読書やブッククラブ、ブック・プロジェクトをしている間や終わった時にするふりかえり（これを繰り返し行うことで、子ども達は飛躍的に成長していきます）、そして子ども達が理解できる言葉で書いてある評価基準表を基にした自己評価、相互評価、教師評価などです。これだけあれば、子ども達の成長を助ける評価を行うことは十分可能でしょう。

⑧何よりも楽しいこと

　以上で紹介してきた要素が満たせると、子ども達は読むことが「楽しく」なるし、得るものも多くなるという（まさに、45ページに紹介されていた）反応を見せるようになるわけです。

「学びの原則」をすべて押さえているリーディング・ワークショップ

　リーディング・ワークショップは、なぜ子ども達に最大の学びを引き出すことができるのでしょうか？　私達は、「教える」ことに熱心になるあまり、「学ぶ」ことを無視したり、軽視する傾向があります。

　あなたは、「聞いたことは忘れる。見たことは覚える。したことは分かる。発見したこと（見つけたこと）はできる」という言葉を聞いたことがありますか？　中国の老子★3がおよそ2600年前に言った言葉だと言われています。実際に老子が言ったのは前の三つだけで、最後の「発見したことはできる」はのちに誰かが付け加えたものだそうです。

　この老子が言ったことを検証するために行われたわけではありませんが、60年ほど前、アメリカの研究者が記憶に残る割合を数字化しました。

　表4-3のように提示されると、みなさんも納得されるのではないでしょうか。改めて老子の名前を出すまでもなく、極めて常識的なことだからです。聞いたことや見たことの記憶に残る確率が低いこと、そして話し合うことのパワーも再確認させてくれます。しかし、何よりも印象的なのは、教えた時の90パーセントではないでしょうか。もちろん、教師が教えた時ではなく、子ども達が教師も含めてほかの学習者へ教えた時のことです。

　ということは、教師ががんばって教えた時、つまり一生懸命に説明したり、話したりしている時は子ども達が聞いている時ですから、わずか10パーセントしか残らず、逆に教師が子ども達に問いかけてほかの子ども達に教えさせた時は90パーセントも残るという、極めて逆説的な事実も明らかにしてくれています。リーディング・ワークショップでは、この子ども達が教えあえる時間をたくさんとっています。

　近年の脳の機能に対する研究で分かってきたことの一つが、「学びの原則」とも言えるものです。学びをつかさどっている脳の機能を踏まえた形で授業を

第4章 これからの教え方 75

表4－3 することによって異なる記憶に残る割合

聞いた時は	10%	話し合った時は	40%
見た時は	15%	体験した時は	80%
聞いて見た時は	20%	教えた時は	90%

(出典：拙著『効果10倍の教える技術』PHP 新書、27ページを改変)

つくり出すのと、無視したり、軽視して行うのでは、自ずと違った結果が生み出されます。まずは、**表4－4**（76ページ）に挙げた九つの項目に賛成できるか、それとも反対ないし疑問をもたれるかを考えてみてください（以下を読む前に、ぜひ）。

　脳の研究の話を出すまでもなく、これらはすべて「いい先生」と言われた人達が自然にしていたことでもあります。国語の分野では、大村はま[4]さんが有名でしょうか。

　賛成できない点や疑問点を挙げてもらうと、多い順に⑥、⑦、④、⑤、①となります。面白いことに、主要5教科を担当している教師ほど、疑問点や賛成できない項目が多いという結果も出ています。少ないほうから、筆者が行った研修などで出された疑問などを踏まえながらコメントをつけていきます。

　まず①の「人は皆、常に学んでいる」ですが、「クラスの中に学んでいるとは思えない子どもが何人かは必ずいる」と言うのです。確かに、教師が学んでほしいことを学んでいない子どもはいると思いますが、人間は「自分はこの教科は嫌いだ」、「やってもダメだ」、あるいは放課後の部活のことなどを含めて常に学んでいるというか考えているのです。それが脳の機能なのです。

　次は、⑤の「教える内容が決まっているのに、どうして選択を提供できるのか」という疑問です。確かに、カバーしないといけない教科書の内容は決まっ

★3★老子は、『史記』の記述が正しければ中国の春秋時代の思想家です。実在を疑問視する向きもありますが、書物としての『老子』の影響力は世界的に絶大です。

★4★大村はま（1906～2005）は、生涯現役を通した中学校の国語教師。国語の教科では、どの研究者よりも影響力が大きかったと言われるぐらいの存在ですが、一方で「あがめられながら、受け継がれない教育法」とも言われています。

76   パート *1*   読む力がつく教え方・学び方

表 4 － 4   学びの原則

①人は皆、常に学んでいる。ただし、各自の学び方やスピード、もっている能力
　が違う（動機も違う）だけ。
　　──→マルチ能力も含めた、多様な教え方が求められる。
②安心して学べること（人は頭だけでなく、心や身体を使って学ぶ）。さらに言
　えば、楽しいほうがよく学べる。
　　──→人間関係を含めた、サポーティブな環境や雰囲気づくりの大切さ。
③積極的に参加できること。
　　──→聞かせるだけでなく、生徒達にこそ主体的に動いたり、考えてもらったり、体験
　　　　してもらったりすることが大切（知識は伝えるものではなく、生徒自らがつくり
　　　　出すもの。技能・態度も同じ。そのためには、教師の刺激的な投げかけが効果的）。
④意味のある内容／中身を扱うこと（身近に感じられること）。
　　──→人は白紙の状態から学ぶのではなく、それまでの体験や知識を踏まえて学ぶ。
⑤選択できること。
　　──→与えられたものをこなすよりも、自分が選んだもののほうがよく学べる（生徒達
　　　　は、何を、どう学び、どう評価するかの選択まで参加できるし、実際にそうした
　　　　時のほうがよく学べる。換言すれば、生徒達を信じて、学びの責任を与える。そ
　　　　の際、高い期待を生徒達に示し、容易にできる選択だけでなく、努力すればでき
　　　　るレベルのものも提示する）。
⑥十分な時間があること。
　　──→たくさんのことを短時間でカバーするだけではよく学べない。身に着くまで練習
　　　　できることが大切。
⑦協力しあえること。
　　──→競争させたり、バラバラで学ばせるより、相互にやり取りしたほうがよく学べる
　　　　（今日、何人かでできたことは、明日、１人でできる）。ただし、１人、２人、チ
　　　　ーム、全体での学びのバランスは大切。
⑧振り返りとフィードバックがあること。
　　──→自分自身で頻繁に振り返ることと教師やほかの生徒からのフィードバックがある
　　　　とよく学べる。
⑨互いに讃えあうこと、教える機会が提供されること。
　　──→よく学べた時は、祝う、誉める。ほかの人に教えるチャンスが与えられると（例
　　　　えば、マルチ能力のように多様な表現の仕方があると）より良く学べるし、さら
　　　　に意欲がわく。

（出典：拙著『いい学校の選び方』中公新書、2004年、135ページ）

第4章　これからの教え方　77

ています。しかし、自分が選んだものではない、与えられたものに対して心底、興味や関心がもてる人などそうはいません。ある一定の枠の中であったとしても、子ども達が自ら選択したと思える提示の仕方ができるかできないかが、プロの教師とアマの教師の違いではないでしょうか。

　なお、内発的動機づけで一番有名なエドワード・デシが、『人を伸ばす力』[★5]（桜井茂男監訳、新曜社、1999年）という著書のなかで、人のやる気を引き出すためには「自律性」、「有能感」、「関係性」の三つが決定的に大切だと言っていますが、「自律性」のほとんどは「自己選択」なのです。

　④に対して疑問をもつ人も、⑤への疑問と似たところがあります。特に、読むということには「読んでいる内容と読んでいる人との関係がすべて」という側面があり、その関係が築けなければ、表面的なレベル、通過するレベル、何も残らないレベル、誤解のレベルで終わり兼ねません。必ずしもそこに書いてあることを読むのではなく、私達は、どうがんばっても「自分が読みたいものしか読めない」のです。

　そこで、大きな役割を果たすのが仲介者としての教師です。教師が本当に面白いと思ったり、興奮したものは伝播していきますから、子ども達も容易に身近に感じたり意味があるものと思えます。

　⑦については、「究極的には一人ひとりが学ぶのだろう」とか、「競争することで、互いに刺激しあいながら学ぶことも効果的なのでは」といった疑問に代表されます。もちろん、それは否定しません。単に、より効果的な学び方を提供しているにすぎません。すでに、75ページの数字で明らかになっている通り、教える相手がいる時に一番よく学べるわけですし、体験したことをともに共有しあえた時や話しあえた時のほうがよく学べます。

　なお、この点に疑問や関心のある方は、1930年前後にロシアの心理学者レフ・ヴィゴツキー[★6]が主張していたことをぜひ追いかけてみてください。レフ・ヴィ

━━━

★5★Edward Deci は、米国ローチェスター大学の教授で「動機づけ」研究の第一人者です。
★6★Lev Vygotsky（1896〜1934）は、ロシアの心理学者です。37歳の若さで世を去りましたが、「その業績はピアジェのそれに匹敵する」と言う人さえいます。

ゴツキーは、「今日、誰かと協力してできたことは、明日は一人でできる」と言っています。

マイナスの評価が一番多かったのは⑥です。あえて「十分な時間」は必要ないだろう、と言うのです。もしかすると、百マス計算などの（悪？）影響かもしれません。短い時間にできるだけたくさんのことをするほうが身に着く、と思っている人が少なくありません。これについては二つの情報を提供します。

一つは、ドイツの心理学者ヘルマン・エビングハウス[7]によって導き出された「忘却曲線」というのがあります。人は物事を忘れてしまうので、反復練習によってそれを補う必要がある、と言うのです。試験前の暗記物には、よくこの方法が使われています。

しかし、この研究が対象にしていた物事とは何だったのかをよく見てみると、それは「覚える人にとって意味のないものを扱った時」のことなのです。④の項目とも関連しますが、人間の脳は意味のあるものについては、忘れたくても忘れられないという特質をもっているのです。

もう一つの「十分な時間」については、1980年代にすでに教員研修を分析することで明らかになっていた数字です（**表4-5**を参照）。

「理論」のところは「講義」に置き換えられると思います。（A）～（D）は、異なる提示の仕方というか研修のやり方を意味します。ポイントは、（D）の研修終了後の「サポート」です。これがないと、どんなよい研修を実施しても教室という現場で使えるものにはならないという結果が明らかです。これまでに

表4-5　研修の要素

	理　解 （わかる）	技能の習得 （できる）	応　用 （使いこなせる）
（A）理論	85%	15%	5～10%
（B）理論＋実例紹介	85%	18%	5～10%
（C）理論＋実例紹介＋練習	85%	80%	10～15%
（D）理論＋実例紹介＋練習＋サポート	90%	90%	80～90%

（出典：拙著『効果10倍の教える技術』PHP新書、2006年、157ページ）

受けてきた研修がなぜ自分の実践を変えてくれなかったのかは、これによって納得できたのではないでしょうか。

　具体的なサポートの仕方として理想的なのは研修の講師や企画担当者が行うことですが、現実的にはそれが難しいので、同じ研修に参加した者同士が、互いの教室で実践しあうところをお互いに見て、フィードバックをしあうという方法です。早い人は1〜2回で使いこなせるようになりますが、遅い人は20回近くのサポートがないと使いこなせるようにはならないということが分かっています。

　以上は教師を対象にした研修の場合でしたが、子ども達を対象にした授業でも、似たようなことが多くの教室で起こっているのではないでしょうか。そういう意味で、十分な時間というのが、特に学ぶスピードの遅い子ども達にとっては欠かせないものとなるわけです。と同時に、いかに学びの主体性を子ども達にもってもらうかが鍵となるでしょう。そして、すでに紹介した自分にあった本、目的をもった読み、そして必要な時に得られる適切なサポートなども不可欠となります。

　それでは、76ページの「学びの原則」の九つの項目と、**表4－1**（68ページ）や**表4－2**（69ページ）の右側を比較してみてください。日本においてリーディング・ワークショップを実践している先生達が発見したことは、この教え方が「学びの原則」のすべてを抑えているということでした。

　「学びの原則」はリーディング・ワークショップやライティング・ワークショップのためだけに存在するものではありませんから、ほかの教科・領域を教える時にもぜひ九つの項目を思い出して、可能な限りそれらを満たす形での授業を展開してください。子ども達の学びは飛躍的に向上するはずです。

★7★Herman Ebbinghaus（1850〜1909）は、記憶の忘却についての研究を行ったドイツの心理学者です。

第5章
効果的な学び方・教え方

　第4章では、読むことが好きになり、かつ読む力がつく学び方・教え方の全体像を描きましたが、本章では、「パート2」で扱う「優れた読み手が使っている方法」を学ぶ際の効果的な学び方・教え方に限定して紹介します。とても有効なモデルが二つあるので、まずはそれらの概略を説明したうえで、「パート2」で紹介するたくさんのレッスンが円滑に進められるように両者の共通点について説明をしていきます。

　その前に、確認しておきたいことが一つあります。それは、リーディング・ワークショップが「自立した読み手を育てる」ために極めて有効な手段であったのと同じように、「優れた読み手が使っている方法」もあくまで手段であるということです。したがって、目的を忘れたり、それ自体を目的にすり替えてしまっては、弊害を生みこそすれいいことはありません。そのなかでも一番避けるべきことは、それを教えるのに熱心になるあまり、子ども達の読む時間を奪ってしまうことです。

　「優れた読み手が使っている方法」をなぜ学ぶかというと、読んでいる本や資料などについてより良く考え、自分なりの意味をつくり出すのに寄与するからです。そして、読むことを楽しむためにも有効だからです。

　しかし、それが目的になってしまうと、すでに使えている子ども達に対して必要のないことを教えることになってしまいます。ここでも、ミニ・レッスンを含めて、一斉授業を安易にすることに極力注意をしましょう。というか、教えることに熱心になるよりも、子ども達の実態を把握することを大切にしたいと思います。

第5章 効果的な学び方・教え方 81

① ナチュラル・ラーニング（自然学習）モデル

「ナチュラル・ラーニングモデル」とは、オーストラリア人のブライアン・カムボーン[1]によって提唱された学習モデルです。彼は、子ども達が話せるようになったプロセスを観察・分析することで、このモデルを導き出しました。

それは、世界中どこでも当たり前に行われていることで、教える側にも教えられる側にも特に努力したという意識はなく、そして確実に身に着き、かつ一度身に着けたらうまく使いこなせるという類い稀なる特徴をもったモデルです。そして彼は、私達が確実に聞いたり、話せるようになった方法を、読み・書きに応用しない手はないと考えたのです。

カムボーンは、自然学習モデルを読み・書きに応用する際に二つの前提も提唱しました。一つは、読み・書きは容易なものであり、かつ楽しいものであるということです。「読むことは楽しいこと」が実現しないと、教室を離れた時点で読まなくなってしまいます。「優れた読み手が使っている方法」を学ぶことも、それに寄与するためのものなのです。「容易なものであり、かつ楽しいもの」の中には、自ら進んで読んだり、書いたりすることが大事にされています。今の学校や家庭で、このことがどれだけ大切にされているでしょうか？
その意味でも、この最初の前提はとても重要となります。

もう一つの前提は、使いこなせること、ないし卒業しても役に立つものであることを大切にしていることです。つまり、学校の中だけで使われるものでもなければ、受験などの準備として行う（それが終わった時には大半を忘れる）ものでもないということです。

学校の中だけでしか使えないのであれば、それは「面白くないもの、役に立たないもの、苦役」としての読み・書きと同じになってしまいます。確かに、

★1★Brian Cambourne は、15年間教師が一人しかいない学校で教えることから教育への関わりをはじめた人です。その後、研究者と教員養成大学の教授に転じ、1988年に『*The Whole Story*（すべての物語）』の中で自然学習モデルを提唱し、それの読み、書き教育への具体的な応用方法を示しました。

82　パート *1* 読む力がつく教え方・学び方

第2章で紹介したように、これまでの教え方ではそういう面が多分にありましたが、これからも同じことをし続けるということは許されないことです。

　カムボーンが提唱したモデルの流れは以下のようなものです。私達が話すことをどのようにマスターしたかを思い起こせば、このモデルを理解することもそんなに難しいことではありません。（──→の右側は「読み」への応用を示しています）

❶意味のある環境に浸る──→本がたくさんある環境を提供する。

❷たくさんの見本がある──→読み聞かせや一緒に読むこと、そして考え聞かせ（85〜88ページを参照）を頻繁にする。

❸集中して取り組む──→意味が感じられ、失敗のリスクも少ない形で提示する。

❹高い期待をもつ──→子ども達はできると信じる。セルフ・エスティーム（自尊感情ないし自己肯定感）を高める。

❺責任を委ねる──→何をどうするかなどの選択を提供することで「自分のもの」という意識をもってもらう。

❻試してみる──→まちがってもいいから試せる環境・雰囲気を提供する。

❼使ってみる──→単に練習するだけでなく実際に使う（話し言葉は、練習ではなく、まちがいを含めて使うことを通して学んだ）。

❽適切なフィードバックで修正する──→改善するための具体的なサポートを提供する（話し言葉の場合は、やり取りの中で修正されたり、意味をつくり出すために行われたが、このことの読み・書きへの応用は、受け入れる、称えあう、ふりかえることなど）。

② 責任の移行モデル

　二つ目は、アメリカ人のピアソンとギャラガー[★2]によって開発されたモデルで、教える側と教わる（学ぶ）側との関係をうまく表していると言えます。一番分

図5－1　責任の移行モデル

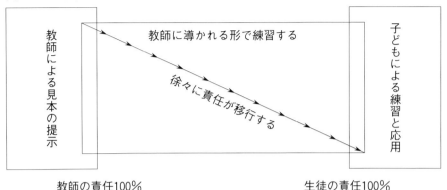

（出典：The Instruction of Reading Comprehension, *Contemporary Educational Psychology*, Pearson, D. & Gallagher, M. 8 (1983), pp317–344を参考に筆者作成）

かりやすいたとえは、自転車に乗れるようになった時のことを思い出せばいいでしょう。

　子ども達は、周りの大人やお兄さん・お姉さん達が乗っている姿をまず見ます（たくさんの見本を見て、自分も乗りたいと思うようになります）。そして、親の前や後ろに乗ることで、自分が一人で乗る時の感覚をつかんでいきます。その次は、補助輪をつけてしばらくの間練習することになります。

　いよいよ一人で乗ることを決断した日が来ると、親に後ろを持ってもらったりして、何回か転びながら一人で自転車が乗れるようになっていきます。その後は、道路などで乗り回す時の注意点などを自分の頭に叩き込んで、危険な目にあわずに自転車を乗りこなす段階に入ります。これを図化すると図5－1のようになります。

　読み・書きもまったく同じです。流れとしては以下のようになります。

　❶方法を説明し、実際にしてみせる（読み聞かせや考え聞かせ）。

　❷みんなで一緒に試してみる（教師はサポートやフィードバックをし、生

★2★（Pearson and Gallagher）ピアソンは2ページを参照。ギャラガーは、1983年当時のピアソンの共同研究者。

徒達は協力しながら試す）。

❸各自がそれぞれの方法で試してみる（この時、各自は他の生徒や教師からフィードバックを得て自分のものにしていく）。

❹各自が、その方法を使いこなせるかどうかを示す。

　自転車に限らず、私達は何か新しいことを身に着けようとする場合（パソコン、ブログ、テニスやゴルフ、詩や短歌、料理や畑仕事など）、これら二つのモデルを当たり前のように使っているのではないでしょうか？

　これら二つのモデルに共通することとして、以下の五つが挙げられます。

　　・自分でもできると思えること。

　　・楽しいこと。

　　・まねをしたいと思えるいい見本がたくさんあること。

　　・以上のことで、学びたいという気持ちにさせること。

　　・使いこなせる（身に着く）こと。

　学びが成功する時は、「責任の移行モデル」の❶から❹までのすべてがしっかりと行われていると思います。そしてそれは、読んだり、書いたりするだけでなく、ほかのどの教科を学ぶ際にも同じく活用できるというわけです。この「責任の移行モデル」を分かりやすく紹介した本が『「学びの責任」は誰にあるのか──「責任の移行モデル」で授業が変わる』です。ぜひ参考にしてください。

③　「優れた読み手が使っている方法」を身に着けるための六つのアプローチ

　上記で紹介した二つのモデルおよび「パート2」で紹介している方法を実際にミニ・レッスンなどで子ども達に提示する際に、効果的なアプローチとなるのが次の六つです。

①読み聞かせ

　私自身、子どもが学校に入る前まではほとんど毎日絵本の読み聞かせをしていましたが、入学後はプッツリ止めてしまいました。しかし、2000年に『ペアレント・プロジェクト』（ジェイムズ・ボパット著、玉山幸芳・吉田新一郎訳、新評論、2002年）という本に出合い、大人を対象にした時でも絵本の読み聞かせが極めて効果的であることを知り、それ以後、教員や保護者そしてサラリーマンを対象にした研修などで使っています。

　なぜ効果的なのかというと、『読み聞かせ──この素晴らしい世界』（亀井よし子訳、高文研、1987年）の著者のジム・トレリース[★3]が言っているように、心に触れるからだと思います。大人を対象にした研修は知識偏重になりがちですが、そこでテーマにあった絵本などを読まれると、単に知識や情報だけを提供されるだけでは受け入れることができなかった人達も「共感」できるために、すんなりと受け入れられるようになるのです。また、大人にとっては、何か忘れていた大事なものを思い出させてくれたというような感覚すら抱くようです。大人でさえこうですから、子ども達となると言うまでもないでしょう。

　トレリースは、読み聞かせの効果として、安心・安らぎ、楽しみ、知識や経験、好奇心、元気（息を吹き込む）の五つが提供されるとも言っています。

　オーストラリア人で絵本作家としても有名なメム・フォックス[★4]は、『*Reading Magic*（読み聞かせの魔法の力）』という本を書いているのですが、その中で、「子ども達に読み聞かせをすることで、子ども達は賢くなっていく」と書いています。ちなみに、彼女が言っている読み聞かせには、読んだことについての話し合いも含まれています。読んでいる途中や最後に話し合いがあることで子ども達は集中し、論理的に問題を解決する努力をし、そして自分の考えたことを分かりやすく話すようになるからです。また、一緒に読みながら、言葉や文

★3★Jim Trelease は、「読み聞かせ」を世に広めた人として知られています。もともとはジャーナリストで、1979年に出た処女出版は自費出版だったそうです。英語版は、すでに第7版です。
★4★Mem Fox は、オーストラリアを代表する絵本作家の一人。長年アデレードにあるフリンダース大学（教育学部）で文学を教えていました。教育に関するいい本も書いています。

章（あるいは世界まで）がどのように機能しているのかを理解しはじめます。

　フォックスはまた、ある専門家が言ったという「1,000冊の本の読み聞かせが自分で読みはじめる前に必要」という言葉の正しさも信じており、それを自分の娘に対して実践した人です。簡単にそれを達成することはできないでしょうが、4〜5年の時間をかければ容易にできますし、幼稚園・保育園・小学校と家庭が連携したら難しいことではないでしょう。

　彼女は、読み聞かせがうまいことでも定評のある人なのですが、読み聞かせをする時のヒントを次のようにまとめています。

　「目と声はとても重要です。声に関して簡単にできる七つのことは、大きい、小さい、早い、ゆっくり、高い、低い、間を置くで、これらは読んでいるテキストが教えてくれるので特別な練習は必要ありません」

　読み聞かせのプロと言われている人にこう言ってもらえると、小学校時代の音読で苦い思いしかもっていない私ですら「やれる」と思ってしまいます。

　年少者を対象とした読み聞かせを念頭に置いて書いている上記の2人に対して、ジャネット・アレンは、中学校以上でも読み聞かせはとても価値のある方法であるということを、20もの理由を挙げて主張しています（前掲の*Yellow Brick Roads*、pp47〜48）。

　ここでは、そのうちの九つを紹介します。

❶生徒達にたくさんのジャンルに楽しく触れさせられる。

❷教科で扱う内容も一般的な世界に関する知識も、提供することができる。

❸自分で本を選ぶ際の関心を喚起させられる。

❹ストーリーや登場人物の描き方を評価するチャンスが提供できる。

❺テーマ、作家、登場人物などについて比較する力がつけられる。

❻生徒達の聞く力が磨ける。

❼聞いたことについて話し合うための雰囲気がつくられる。

❽高いレベルの思考力が鍛えられる。

❾クラスのコミュニティー（仲間）意識が高まる。

第5章　効果的な学び方・教え方　87

　これだけの効果があるのですから、使わない手はありません。読み聞かせと、次に紹介する「考え聞かせ」を効果的に使っている人達が口をそろえて言うことは、自分が心底興味のもてる本（題材）を選び、それを対象者にベストの形で紹介するということです。教師や親が興味をもっているレベル（好き・嫌いの度合い）は自ずと子ども達に伝播してしまいますから、どうせ読み聞かせをするなら、指導者が納得しているものでないと意味がないということです。

　読み聞かせ、およびそれよりも効果的なバリエーションについての詳細は、拙著『読み聞かせは魔法！』（明治図書）を参考にしてください。

②考え聞かせ

　「はじめに」で紹介した、読むことに関して私にコペルニクス的な転換をもたらしてくれた『*Strategies That Work*（効果的な読み方）』という本の中でも、その本が書かれるきっかけになった『*Mosaic of Thought*（思考のモザイク）』の中でも、「優れた読み手が使っている方法」を教える際に最も効果的なのは「考え聞かせ」だと断言しています。

　読む時、私達は、「優れた読み手が使っている方法」を意識するかしないかはともかくとして使っています。しかし、頭の中で起こっていることですから、それは見えません。この読んでいる時に考えていることを言葉にして表すことを「考え聞かせ（think aloud）」と言います。ちなみに、「読み聞かせ」は「read aloud」の訳です。

　第4章で紹介したリーディング・ワークショップは、読み方を学ぶためにとても効果的な方法ですが、読んでいるものを理解するための方法もしっかりと身に着けられるように教えなければなりません。つまり、読んでいる時に使っている様々な方法についてです。そのベースになるのは、「読み聞かせ」ではなく「考え聞かせ」のほうなのです。

　この「考え聞かせ」の有効性は、神経科学というか、脳科学の過去10年ぐらいの発見のなかで最も重要なものの一つと言われている「ミラー・ニューロン

（Mirror Neuron）」の存在からも証明されています。ほかの誰かがしていることをあたかも自分がしているように、「鏡」のような活動をしてしまうことからその名が付いたようです。

　例えば、教師が実際に頭の中で考えていることを言って聞かせることで、読み手が何をしているのかが分かるようします。それを聞いている、もしくは見ている生徒達はあたかも自分がしているつもりになれるというわけです。それを繰り返すことでその行為が徐々に染み込んでいき、その後、ペアやトリオで互いに行ったり、最終的には個人の読書においても使いこなせるようにしていくわけです。考え聞かせをする時のコツは、以下に挙げる四つです。

- 慣れないうちは、事前にシナリオを準備する。
- それをしたことで、読んだものの内容理解に役立つことを明確にする。
- 一度にたくさんの方法を提示して混乱させない（何がどう役立っているのかを、見えやすいように提示する）。
- たまには、頭が真っ白になってしまうようなところも見せる。優れた読み手だからといっていつもスラスラと読んだり考えているわけではないので、時には「ここの部分で何が言いたいのかさっぱり分からないわ。ちょっと考えさせて」と言って、実際にしばらく考えてみせる。

　考え聞かせの具体的な事例については、175〜177ページを参照してください。さらに詳しく知りたい方は、『リーディング・ワークショップ』の第3章と『読み聞かせの魔法！』の第3章を参照してください。

③教師が見本を示す

　本当に面白く、ワクワクしながら行っていることは必ず伝播していきます。逆に、教科書を仕方なくカバーしていれば、そのことが伝播してしまいます（こちらのほうは、「勉強することは苦役でしかない」というメッセージとともに伝播していまいます。まさに、ミラー・ニューロンの威力です！）。

第5章　効果的な学び方・教え方　89

　教師や親は、以下のような点について見本を示し続けることが求められます。
（　）内は、研修などで紹介している筆者の例です。

- いつ、どこで読むのか（私の場合すべての所です。どこに行くにも本を持っていくこと、寝る前に読む趣味の本と仕事で読む本は違うこと、常にブック・プロジェクトをしていること、常に複数のブッククラブに参加していることなど）。

- どうやって読む本を選ぶのか（いろいろな方法を紹介したあとで──ちなみに、それらの方法は模造紙に書き出して壁に貼り出しておく価値があるぐらいです──今自分が最も頻繁に使っている方法は「芋づる式」であることを伝えます。それは、「よい本はよい本を呼ぶ」という方法です。よい作家はほかにもよい本を書いていますし、よい本はたくさんのよい本を参考にして書いているので、芋づる式にたどればはずれがほとんどありません）。

- 気に入っている作家にはどういう人がいるか（昔は、司馬遼太郎、遠藤周作などでした。結構今も続いているのは、五木寛之、井上ひさし、塩野七生、そして最近は、オリバー・サックス、ジョーセフ・キャンベル、星野道夫など）。

- どういうジャンルの本を読んでいて、また興奮しているか（絵本にかなり入れ込んでいるが、ジャンルは様々であること。自分が知らなかった思わぬところに結構「良書」があることも。しかし、圧倒的に読んでいて、かつ楽しめるのは様々な分野のノンフィクションであること。そして、歴史物が多いことなど）。

- 仕事と趣味で読む本の読み方の違いについて（例えば、メモの取り方）。

- 図書館やインターネットも含めた書店の使い方。

　そして時には、子ども達が読んでいる時に、実際に自分が読んでいる本を一緒に読んだりして、子ども達に「自立した読み手」に成長していくことの大切さを示し続けます。

④子ども達に試してもらいながら進める

　子ども達が読むことを好きになり、かつ読む力をつけるためには、以下に挙げた八つのことが大きな助けとなります。

❶ よい本がたくさん身近にあること。

❷ 自分のお気に入りの読む場所があること。

❸ 教室や家庭の関係と雰囲気がよいこと。

❹ 読んだ反応や感想を紹介しあえたり話し合えること。

❺ 語彙が豊富だったり、スラスラと読めること。

❻ 優れた読み手が使っている方法をしっかり身に着けられること。

❼ カリキュラム（教える内容と方法）と評価（フィードバック）がマッチしていること。

❽ 世の中のことに関心があり、知っていること。

　❶ から **❸** は読むためのハードとソフトの環境を整えることで、子ども達が読むことに浸れる状況をつくり出します。

　実は、教師が全部整備してしまうのではなく、子ども達にも参加してもらってつくったほうがはるかに効果的です。というのも、子ども達が教師に頼ったり指示されないと動かないというのではなく、自分でスペースを使いこなしたり、関係や雰囲気をより良いものにしていくために努力をし続けることは、自立した読み手には欠かせない重要な要素だからです。

　❹ は、読んだものについて理解の深め方や広げ方に関係してきます。自分だけの解釈では深まりと広がりが弱くなるので、自分の反応や感想を発信したり、共有しあうことで深めたり広げたりする方法を身に着けてもらうのです。

　それには、ペア読書、ブッククラブ、クラス全体での話し合いなどの活動と、読書ノートなどを使っての書く活動（交換ジャーナル[★5]）があります。それらを実際に子ども達にやってもらいながら、より良い話し合いや意見交換ができるようにすることで、読みの広がりや深まりが増すようにサポートします。

第5章　効果的な学び方・教え方　91

本に囲まれた教室の中でひたすら読む子ども達

　その際に効果的なものの一つが「金魚鉢」という方法です。これは、何人かの子ども達に「金魚」役になってもらって、実際にペア読書やブッククラブをしているところを周りの子ども達が鉢の外から観察して、よい点や改善点を見つけるという方法です。客観的に見ることで、自分では気付かないことがいろいろと見えてきます。その他の反応の仕方については「パート2」の第12章を参照してください。

　❺について言えば、誰かが選んだ「良書」よりも、学ぶ者にとって意味のある文章を読むことでこそ語彙（漢字）が身に着くことが分かっていますから、自分にあったたくさんの本を読むことが一番確実な方法と言えます。とは言っても、特に年少の子ども達や大きくなってもなかなか読めない子ども達に対しては、興味のもてる内容で確実に読める（語彙が難しすぎず、読めない字も多すぎない）本を選べるようにして、スラスラと読めるようにすることは大切です。私達は、成功体験を積み上げることでより良く学べるのです。

　❻については、「パート2」をご覧ください。❼は、第2章や第4章で扱っ

★5★交換ジャーナルについての詳しいことは、『「考える力」はこうしてつける』（J・ウィルソン&L・W・ジャン／吉田新一郎訳、新評論、2004年）の第6章を参照ください。

たテーマですが、それこそ読むことの教え方全体に関することです。より詳しくは『リーディング・ワークショップ』と『読書家の時間』をご覧ください。

❽については、読むこととは直接関係ないように思われる方もいるでしょう。しかし、これこそが本を読むことの原動力かもしれません。そのために、教師が世の中の出来事への関心と疑問を発することなどを通して見本を示し続ける必要がありますが、教室の中にいるたくさんのエキスパート、つまり子ども達自身に活躍してもらうことでも興味・関心や好奇心は喚起できます。互いに刺激しあうことがとても大切となります。[6]

⑤カンファランス

リーディング・ワークショップでは、教師が読むことについて教えるのではなく、子ども達が実際に読むことを優先しているということはすでに述べました。スキー、野球、サッカー、料理、ガーデニングなどと同じように、実際にやることが読む力をつけるための最良の方法だからです。

だからと言って、「野放し」にするわけではありません。最低限のことは教え、それらが着実に使いこなせるようにサポートしていきます。それが「カンファランス」です。子ども達がひたすら読んでいる時や、ペア読書やブッククラブをしている時にしっかりと観察し、その子ども達が一番必要としていることを探し出し、それをしっかりとできるように教えるのです。

「教える」と言うよりは「フィードバック」や「サポート」と言ったほうが適切かもしれません。というのは、実際に何をどうするかを決めるのは一人ひとりの子どもだからです。教師は、提案をしたり、あることをするように投げかけたりしますが、実際にやるかどうかを決めるのは子ども達なのです。

カンファランスは、「自立した読み手を育てる」という目的のために最も効果的な方法です。私達は、親身になってくれる人のフィードバック（よい点を伸ばす）でよくなっていくからです。悪い点というのは、指摘されたからといってなかなか直せるものではありません。しかし、改善点を問いかけると自ら

カンファランスは楽しい!!

が修正したいと考えるようになるので、かなりの効果が期待できます。カンファランスは、教えるということに関して、教師であることの醍醐味を味合わせてくれるものでもあります。

　ここではカンファランスについてはこれ以上触れませんが、詳しくは『ライティング・ワークショップ』の第5章、『作家の時間』の第2章、『リーディング・ワークショップ』の第6章、『読書家の時間』の第4章をご覧ください。

⑥共有

　「④子ども達に試してもらいながら進める」の❹で扱った読んだ反応や感想を話し合うことと似ているのですが、こちらはよりフォーマルなもの（教師がより意図的に仕組む形で展開する時間）です。前者は、生徒が話し合い、学びあい、サポートをしあって、互いの読みを深めたり広げたりすることを目的としていますが、共有は、それらを通じて学んだことを踏まえて振り返ったり、

★6★子ども達が好きなものや得意なことは様々です。それを、読む時や書く時にも活かしてしまおうということ。書く時の例については、『ライティング・ワークショップ』の34ページを参照ください。

教えることを目的にしています。実際に学んだことや発見したことをほかの子ども達に教えてもらったり、読んで面白いと思った本や内容についてみんなに紹介してもらったり、振り返ることを通じて新たな目標設定をする場です。

　方法としては、話す、書く、描く、演じるなどの方法があります。また、対象も１人、２人、小グループ、クラス全体などがあり得ます。76ページに記した「学びの原則」の９番目に相当するもの、とも捉えられます。さらに詳しい共有の仕方については、『リーディング・ワークショップ』の第９章と『読書家の時間』の第５章、『作家の時間』の第３章を参照してください。

教える際の効果的な媒体としての絵本

　絵本の効用については85ページで紹介しましたが、「パート２」で紹介するたくさんの事例のなかで、なぜ絵本を多用しているのかの理由を説明します。最大の理由は、短い時間で読み聞かせが可能なことです。[7]

　私も、10年前までは、絵本は就学前の子どもが読むものという固定観念をもっていました。しかし、大人を対象にした研修でも使えるものがあるのではないかと絵本を読み出すと、いい内容のものがたくさんあることに気付きました。絵本は、決して子どもだけのための読み物ではないのです。単に、文字と絵という二つの媒体を一緒に使ったというだけで、対象を限定しているわけではありません。読む側が、絵があるために文字のまだよく読めない子ども達のもの、と勝手に決め込んでいるだけなのです。

　短いということは、詳しく説明したり、描写できないという短所もありますが、一方で、不必要なところが削ぎ落とされていたり、余白が多いために読み手に判断を委ねたりする部分が多くなるという長所もあります。削ぎ落とす過程で残された部分は、長い文章に比べてはるかに洗練されたものになっているはずなので、読み応えのあるものが多いです。

　ジョン・バーニンガム[8]などの絵本では、書いてある文章と描かれている絵が

マッチしていないものがありますから、二つの媒体を使って、通常とは異なる読み方まで可能になります。

なお、「パート2」で紹介する「優れた読み手が使っている方法」を練習するための絵本という観点で探していると、日本人が書いたもので紹介できるものがなかなか見つからないという状況にも遭遇しました。なぜなのか、と私なりにその理由を考え続けていますが、まだ結論には至っていません。ただ、その現実をとても悲しく思っていることは確かです。多くの場合、書き手の意図がストレートに伝わってしまい、読み手がいろいろと考える部分が極めて少ないと言えます。

このあたりが、「絵本は子どもの読み物」という固定観念を生み出した理由かもしれません。欧米の絵本を読むと、「これは大人を対象にした絵本じゃないか」と思えるものが少なくありません。また近年は、文字なしの絵本も増えており、それらのなかにも「優れた読み手が使っている方法」を駆使しないとよく理解できないものがあります。

私の探し方が悪かったのかもしれません。ぜひ、ご指摘をお願いします。というのも、「パート2」の各章で使えるようにと、私が見つけたおすすめの絵本のリストを巻末につけたのですが、そこにより多くの日本人作家の絵本が増えることを願っているからです（連絡先 e-mail＝pro.workshop@gmail.com）。

★7★もちろん、5分前後で完結したストーリーを提示することができる媒体は絵本だけではありません。エッセイや説明文、あるいは詩や俳句などいろいろあります。教師ないし指導者が、面白いと思えるものは何でも活用してください。

★8★John Buruingham は、アンソニー・ブラウン（Anthony Browne）と並んでイギリスを代表する絵本作家です。『わたしの絵本、私の人生——ジョン・バーニンガム』（ほるぷ出版、2007年）というタイトルの自伝も書いています。

優れた読み手が使っている方法

「はじめに」で紹介したように、「パート2」で紹介する活動事例（レッスン）は、残念ながらまだ日本で実践されているものではありませんので、自ずと英語の文献を参考にせざるを得ません。巻末に掲げた英文文献を参考にしながら、日本で実践しやすいようにアレンジして紹介していきます（本文中では、原典にあたりたい方のために出典を明らかにしました）。

活動事例は学校での取り組みを中心に書いていますが、ほとんどは、家でも個人のエクササイズとしても取り組めますので、ぜひ挑戦してみてください。

学校では、リーディング・ワークショップのミニ・レッスン（66ページ参照）としてすることを念頭に入れています。面白いと思ったものや、必要と感じたものに取り組んでみてください。あるいは、対象学年に応じて進め方を変えたり、本の内容やレベルを変えたりして試してください。

結果的には、六つの方法と「その他」という形で紹介します。「その他」には、「修正する」、「批判的に読む」、「自分にあった本を選ぶ」、そして「反応する」の四つが含まれます。

第6章〜第11章には、それぞれを考える際の助けになる「言い回し」も加えました。これは、教える側にとっても「考え聞かせ」をする時などに参考になると思います。

なお、各レッスンで紹介している本のタイトルや作者名は、初稿の段階で読んでもらった先生方から「例えばどういう本を使えるのか、例があると取り組みやすい」というコメントを多くもらったので掲載することにしました。したがって、あくまでもとっかかりの本として捉えてください。しかし、筆者が目を通した多くの本の中から「自信をもって使える！」と判断したものしか紹介していませんのでご安心ください。また、巻末には各章で使える本をリストアップしましたので、ご利用ください。

第 **6** 章
関連づける

　私達は、本であれ、その他の文字媒体や映像媒体であれ、すでにもっている知識や体験と関連づけて読んだり見たりします。それまでに見たこと、読んだこと、聞いたこと、行ったこと、様々な刺激から感じたこと、考えたこと、思いや願い、怖れや戸惑い、勇気を振り絞って試してみたこと、そして何の変哲もない日々の暮らしなど、私達に蓄積されている知識や体験などをすべてふまえて読んでいます。その意味では、このような体験が多ければ多いほど（というよりも、関連づけができればできるほど）読む内容に対して彩りが添えられて、読み方も豊かになるのです。

　ということは、たとえ同じ本や文章を読んでも、時を変えれば知識や体験の中身が変化しますから、読むことで得られる解釈も当然異なるということになります。もちろん、別の人が同じものを読んだ場合も解釈が同じになることはありません。言うまでもなく、知識と体験の中身が歴然と違うからです。

　読むことを通して読み手に蓄えられている知識や体験の一部が想起され、その結果、様々なことを考えたり、関連づけることによって新たな知識や体験が加えられることになります。これは、私達が読むたびに繰り返しているごく一般的なプロセスです。

　例えば、「犬」という文字を見て、自分が飼いたいと思っている犬の種類を連想する人がいる一方で、つい最近死んでしまった愛犬を思い浮かべる人もいるかもしれません（そして、その犬と過ごした様々な場面も）。ひょっとしたら、テレビや映画で見たことのある盲導犬や名犬ラッシーのような犬を思い出す人もいるかもしれません。

このように、一つの単語ですら受ける印象、思い浮かべるイメージ、そして解釈する内容は人によって様々であり、大きな違いがあるということです。そしてそれは、単語だけでなく、文章においてもそれを読む人ごとの解釈があり得るということです。

一人ひとりの知識と体験の質と量が違うわけですから、それは当然のことです。換言すれば、すでにもっている知識や体験の質や量が読むことを決定づける、あるいは「(その時点で) 読めることしか読めない」ないし「人は、自分が読みたいと思うものしか読まない」ということにもなります。それは、そこに書いてある (書き手が何を言いたかった) こととはまったく別なものであるかもしれません。親や教師や友達が、たとえ書き手の意図に沿う形で説明をしてくれたところで、その説明に納得がいかないことは十分にあり得るということです。

いずれにしても、読み手がある文章なり本なりを楽しんで読み続けるためには、その人がすでにもっている知識や体験と何らかの関連づけができないと難しいというわけです。42ページの「回答1」を書いてくれた先生は、このことを「寄り添えるかどうか」という言葉で表現しています。それが「楽しんで読む」ための重要な要素になっているわけです。

これはもちろん、小説や詩などのフィクションを読む時だけに感じることではありません。ノンフィクションや論文などでも、自分の考えや、すでにもっている知識や体験とマッチする部分が多い場合は「寄り添う」ことが十分にできますし、楽しみも、フィクションを読む時と同じか、それ以上に得られる場合もあります。まさに、「事実は小説よりも奇なり」という言葉が示す通りです。

例外もあります。例えば、機械類に関して不得意としている人がパソコンなどのマニュアル書を読まなければならない時です。この場合は、すでにもっている知識や体験が極めて乏しい (意欲も極めて低調な) ので、ひたすら読んで理解し、使いこなせるようにするしかありません。しかしそれでも、ある程度努力する過程で知識や体験も徐々に増えていきます。そしてそれが、未知の内

容を読む時に接点を生み出すきっかけとなりますから、私達にとって知識や体験がとても重要であることが分かります。

このような機会があることで、初めての情報や知識も覚えることができます。逆に言えば、既存の知識や体験がない場合は覚えること自体がとても難しいということです。脳科学的に言えば、短期的には記憶できても、長期的にわたって記憶することは難しいということになります。何と言っても、関連づけられるものが存在しないわけですから。[1]

このように、すでにもっている知識や体験と読む対象を関連づけられる力というのは、本書で紹介するほかの力の基本となるだけでなく、大人はもちろん子どもにとっても身に着けやすいものとなります。何と言っても、誰もが一番よく知っているのは自分のこと（自分がもっている記憶）なのです。これは、まさに「本と自分とのつながり」です。年齢を重ね、たくさんの本を読んだり、情報を入手するに従って、「本と本とのつながり」や「本と世界とのつながり」も大切なものになります。

本章では、これら三つについて紹介していきますが、この力によってもたらされるのは以下のようなものです。

- 読む前、読んでいる間、読み終わったあとに、すでに自分がもっている知識や体験と関連づけることができ、知識や体験を増やすことができる。それによって、次に同じものや似たものを読んだ時は覚えやすくなる。
- 自分のこれまでの人生で、身近にいる人や出会った人、あるいは場所や出来事と置き換えて理解することができる。
- 関連づけられると、読む内容に寄り添える度合いが増すので、より楽しんで読めるようになる。

★1★このことは、「読むこと」に限定されるものでなく、あらゆる種類の「学ぶこと」に応用できます。つまり、すでにもっている知識や体験が学ぶことを大きく作用するわけです。この観点から教科書を考えてみると、常に新しい知識が必要以上に提示されるものだと、パソコンなどのマニュアル書や百科事典と同じで、子ども達が「寄り添って」読むことのできる度合いが極めて低いものとなります。読み手の知識や体験との関連づけこそが「読み」や「学び」に決定的な影響をもたらすことを考えると、教科書の書き方（や捉え方・使い方）にも大きな転換が求められるのではないでしょうか。

102　パート *2*　優れた読み手が使っている方法

- 同じものを読んだ他の人の解釈（つながり）に関心がもてるようになる。
- 一つの教科で学んだことを、他の教科や学校外のことに応用することが可能になる。
- 本とのつながりが築けることで（場合によっては、つながりをうまく築けないと意識することで）自分の理解度をチェックしたり、疑問や質問を投げかけたり、予想したり、想像したり、比較したり、何が大切かを判断したり、自分にとっての意味をつくり出したりして、批判的に読めるようになる。
- 新しい情報は、すでにある知識や体験を修正したり、さらにはまちがいがあることを認めて消し去ったりする形で記憶として蓄えられる。
- 表面的な（意味の薄い）つながりと深い（意味のある）つながりを見極められるようになることで、理解を促進することができる。つまり、単に文字面を読むのではなく深く読めるようになり、さらには、書いてあることと対話をするような形で積極的に読めるようになる。
- より良い選書を可能にしてくれる。

（*Mosaic of Thought*, pp100〜101を参照）

　ここからレッスンを紹介していきますが、本章のレッスンをすべて順番にする必要はありません。対象学年や時間などに応じてやれると思うものを選んでください。また、自分なりのアイディアも加えながらぜひ実践してください。

レッスン 1 ▶ どれだけ知っていることを挙げられるか

　誰もが行ったことのある所（例えば、ディズニーランドや身近にあるテーマパーク、あるいは学校の社会科見学で訪ねた所など）と、誰もが行ったことも聞いたこともないような所を一つずつ選び、それぞれについて知っていることや思い浮かぶことをできるだけたくさん挙げてもらいます。これら二つを書き出すだけでその量の違いが歴然とするので、すでにもっている知識や体験がつ

ながりを築く時のベースになるということに気付くはずです（*Comprehension Connections*, p33を参照）。

レッスン **2** ▶ 関連づけることは様々

「レッスン1」で挙げられた誰もが行ったことのある所を使ってもいいし、例えば、佐野洋子作の『わたしのぼうし』などの絵本[★2]を使って思い浮かぶことを挙げてもらいます。そのうえで、一人ひとりが違ったことを思い浮かべたり、たとえ同じことを言ったとしても、その理由が違っていたり、具体的な中身が違うことを出していき、つながり方には正解があるわけではないということを強調します。

レッスン **3** ▶ 自分と関連づけたことを「考え聞かせ」する

つながりを教える際に最も効果的な方法の一つが「考え聞かせ」です。教師が、読み聞かせをしながら考えていることを伝えるのです。

例えば、菊田まりこ作の『いつでも会える』の中に登場する、長年飼っていたペットが死んでしまったシーンを読みながら自分の犬も同じように死んでしまったことを話すだけでは不十分となります。各ページの文章、絵、その時の主人公の様子や気持ちなどから自分の場合とのつながりを紹介しないといけませんので、最初はあらかじめシナリオを準備しておくとよいでしょう。でも、それを棒読みするのではなく、メモ程度に使うようにしましょう。

対象年齢にもよりますが、この方法は、異なる絵本などを使って繰り返すと効果的です。子ども達が慣れてきたら、子ども達につながりを紹介してもらいながら進めていくのもいいでしょう。

★2★巻末の参考文献の第1章「関連づける」に向いている絵本のリストを参照ください。なお、読み聞かせをする際に大切なことは、読み手がその本が好きであるというのが最低条件です。この場合は、関連づけられる本の中で自分が寄り添える本を選んでください。

104　パート *2*　優れた読み手が使っている方法

　つながりに向いている絵本については、巻末の文献一覧を参照してください（*Reading Power*, p37を参照）。

バリエーション

　つながりを見いだすことの大切さを知ってもらうために２冊の絵本を用意し、１冊は普通の読み聞かせをし、もう１冊は、表紙から何を感じるかを話し合ったり、この作家のほかの作品などについても話し合うなど、読みはじめる前に可能な限りのつながりを出しあったあとで考え聞かせをしながら読み聞かせをして、どちらが理解に役立ったのかを聞いてみましょう。

　そして教師は、読みはじめる前、読んでいる途中、そして読んだあとにつながりを見いだすことが、理解を深めたり広げたりしていることを伝えます。

レッスン **4**　▶　ペアか小グループで自分との関連づけの練習

　「レッスン３」で練習したことを、今度は子ども達にしてもらいましょう。まず教師が、子ども達にとってつながりを見いだしやすい絵本を選んで読み聞かせをし、終わったあとに、子ども達がつながりを感じたことを付箋に記入します（最初は１枚だけにして、慣れたら枚数を増やしていきます）。そして、２回目の読み聞かせをした時には、子ども達に自分がつながりを書いたページの所で手を挙げてもらいます。

　最後まで読み終わったら、ペアか少人数のグループになって互いのつながりを紹介しあい、その間、教師は巡回をして子ども達の話を聞いて回り、一番深くつながりを共有しあっていたペアないしグループに、前に出てもらって紹介してもらいましょう。

第6章 関連づける 105

レッスン 5 ▶ 各自で自分との関連づけの練習

　教師が見本を示して、ペアかグループで練習をしたあとに個人レベルの練習をします。各自が読みたい本（絵本）を選び、つながりを見つけた所にどんなつながりなのかを付箋に貼っていき、次はほかの人の本と交換して、違った色の付箋で同じくつながりの所に貼って、2人ないし3人ずつになってお互いのつながりを紹介しあいます。

　この活動によっても、つながりを感じる所や、その理由が違うことなどが確認できます。たまには、同じだったり似ていることがあるかもしれません（*Reading Power*, p39を参照）。

レッスン 6 ▶ 本と本を関連づける

　これまでは「自分とのつながり」を中心に扱ってきましたが、ここでは「ほかの本とのつながり」に焦点を当ててみましょう。例えば、ジョン・バーニングガムの『おじいちゃん』とアリキの『おじいちゃんといっしょに』[★3]（あるいは、モーリス・センダックの『かいじゅう達のいるところ』とトミーデ・パオラの『けものとかりゅうど』）を読んで、共通する点と相違点を出しあってみましょう。なお、これをする時には、ベン図（**図6－1**を参照）を使って視覚的に分かりやすくすると効果的です（*Reading with Meaning*, pp63～65を参照）。

　　╭─ バリエーション ──────────────

　　同じ作家の本を何冊か比較して、共通点と相違点を出しあって
　　みるのも面白いです。これは、作家への関心を引き起こすのにも

★3★テーマでやっても面白いと思います。トミーデ・パオラの『さあ歩こうよ　おじいちゃん』をはじめ、おじいちゃんをテーマにした本には、ベッテ・ウェステラの『おじいちゃん　わすれないよ』、ダグラス・ウッドの『おじいちゃんと森へ』、アメリー・フリートの『どこにいるの、おじいちゃん？』、キム・フォップス・オーカソンの『おじいちゃんがおばけになったわけ』などの名作があります。「おばあちゃん」を含めて、ご自分のお気に入りを使ってください。

効果的です。その時に扱える作家としては、私はウィリアム・ス
タイグ、レオ・レオニ、アンソニー・ブラウン、クリス・ヴァン・
オールズバーグなどをすすめます（日本の作家でいい人がいれば、
pro.workshop@gmail.com までぜひご連絡をください）。

図6－1　本と本を比較する

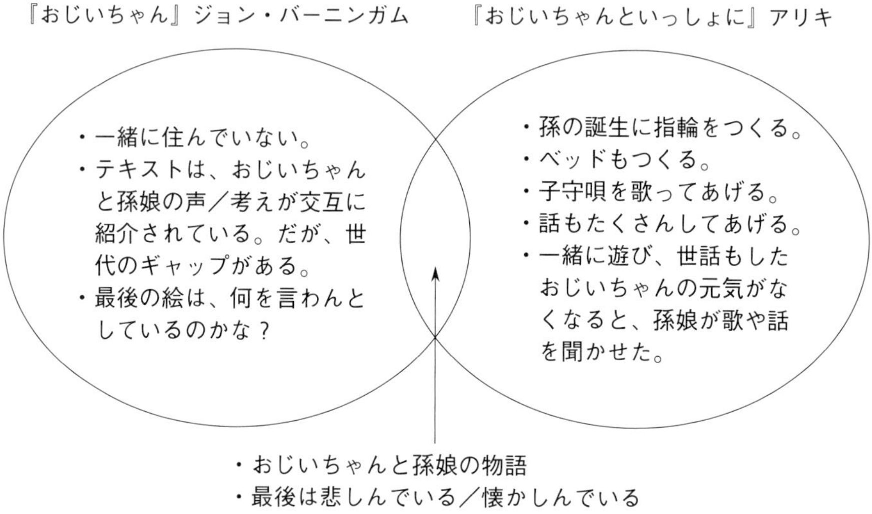

『おじいちゃん』ジョン・バーニンガム　　　　『おじいちゃんといっしょに』アリキ

・一緒に住んでいない。
・テキストは、おじいちゃん
　と孫娘の声／考えが交互に
　紹介されている。だが、世
　代のギャップがある。
・最後の絵は、何を言わんと
　しているのかな？

・孫の誕生に指輪をつくる。
・ベッドもつくる。
・子守唄を歌ってあげる。
・話もたくさんしてあげる。
・一緒に遊び、世話もした
　おじいちゃんの元気がな
　くなると、孫娘が歌や話
　を聞かせた。

・おじいちゃんと孫娘の物語
・最後は悲しんでいる／懐かしんでいる

レッスン 7 ▶ 本と世界を関連づける

　ジャネット・ウィンターの『バスラの図書館員』、リン・チェリーの『川は
よみがえる』、ロベルト・イーノセンティの『白バラはどこに』、ジュリアス・
レスターの『あなたがもし奴隷だったら…』など、世界の出来事を扱った絵本
の中から子ども達が関連づけができそうなものを選んで読み聞かせをします。
　ここでも、まず1冊目は教師が「考え聞かせ」をしたうえで、2冊目は読み
聞かせをしながら子ども達につながりを付箋に書いてもらいましょう。まずは、

第6章　関連づける　107

ペアになってつながりを共有しあってから、みんなが見いだすことのできた「絵本と世界とのつながり」を書いてもらって、しばらくの間貼っておくといいでしょう。

レッスン 8 ▶ 私にとっての一番強いつながり

　「レッスン5」や「レッスン7」を行ったあとで最も強いつながりを一つ選び、それについて詳しく書き出してみましょう。この活動を通して、書くことで読みが深まることが実感できますし、読むことと書くことが連動していることも感じられます。

　この時も、最初は教師が実際に見本を示したほうがいいかもしれません。その際は、「表面的なつながり」と「深いレベルのつながり」があり、後者を選んだほうがいろいろと書けることを例示しましょう。例えば、「おじさんの家でも犬を飼っている」というのは表面的ですが、「11年半も飼っていたペットの犬が2か月前に死んでしまった」という表現であれば、様々な場面や気持ちを想起させることができます。

　年齢が上の子ども達に対しては、課題として自分が選んだ本のタイトル、作者、出版社名を書いたうえで、「自分とのつながり」、「ほかの本とのつながり」、「世界とのつながり」の中でそれぞれどのようなつながりを見いだしたかや、その本を選んだ理由などを提出してもらってもいいでしょう。

　さらなる発展として、各自の本とともに書いたものを展示したり、書いて終わりにするのではなく、例えば一学年下の生徒達を対象にして、自分の本を紹介するトークショーを行ってみるのもいいでしょう。

レッスン 9 ▶ すでに知っていたことと新しく学んだこと

　まず、「すでに知っていたこと」と「新しく学んだこと」の二つをA4の紙の左側と右側に書き込んでいきながら読んでいきます。こうすると、読み終わ

108 パート **2** 優れた読み手が使っている方法

表6−1 『ミミズのふしぎ』（写真と文：皆越ようせい）を読んで知ったこと

（読んだ人の名前：吉田新一郎）

すでに知っていたこと	新しく学んだこと
・カラカラの土よりは水気のある土に多くいる。 ・野菜をつくっているような肥沃な土に多くいる。 ・ほとんど地中にいるので、見かけることは少ない。 ・たくさん食べて、たくさんの土をつくり出している。 ・ダーウィンが長年研究した対象。	・たまごを産んで子孫を増やしている。 ・腐った木の中にもいる。 ・たくさんの種類がある（長いの、短いの、色も様々、暗闇で光るのまで）。 ・何でもよく食べる（土も）。 ・よく見ると身体の表面に毛が生えていて、それで滑らずに進むことができる。 ・身体には節目があり、色の違う部分がある（これを「環帯」という）。 ・環帯に近い方が頭。 ・オスとメスの区別がない。 ・2匹のミミズがくっつき、環帯の周りにたまごのもとができ、頭から出す。 ・ミミズのうんちは栄養がいっぱい。 ・地球は46億年前に誕生したが、ミミズはすでに12億年前にいたとされる（4億年前の化石が発見されている。人類の出現は、500万年前）。

った段階ですでに知っていたことが再確認でき、右側に書き出した内容によって、これまでよりも多くの知識が得られることになります。

　これをする時も、例えば今森光彦の「やあ！出会えたね」シリーズ（アリス館）などを使ってまず教師が見本を示しましょう。読みはじめる前に、本のテーマとなっているダンゴムシやフン虫について教師が知っていることを語って聞かせ、そのあとで1ページずつ読みながら、そのことは「すでに知っていたこと」か「新しく学んだこと」かを明確にしながら書き出していくのです。

　なお、ここで確認しておきたいのは、科学のことや動植物のこと、あるいは遠い世界のことなどを扱った本を使う場合は、当然のことながら、それらにつ

いて直接体験していることは決して多くないということを自覚しておくことです。とはいえ、私達は、テレビで見たり、読んだ本、聞いた話などを通して知っている場合も結構あります。もちろん、それらも「すでに知っていたこと」としてリストアップしていいのですが、なかには、そのような情報が今回本を読むことで訂正されたりする可能性も出てくるでしょう。その際には、右側の「新しく学んだこと」のほうに記入するようにしましょう。

　この活動を通して、「すでに知っていたこと」よりも「新しく学ぶこと」のほうが大事であることと、「思い違いや誤解をしていたこと」や「学び直せる」といったことを強調することができます。

　その後は、年齢に応じてそれぞれが書き出したものを互いに紹介しあったり、2人で協力しながら書き出していくのもいいでしょう。その際は、まず付箋などに書いて本に貼り、それをあとで「すでに知っていたこと」と「新しく学んだこと」に分けて用紙に貼り付けるようにします。

レッスン10 ▶ ノンフィクションの本を使って「つながり」探し

　ノンフィクションを読む時は、つながりが見つけにくいかもしれません。だからといって、まったくつながりが存在しないわけではありません。そこで、どれだけつながりを見つけられるか、みんなで出しあってみましょう。

　つながりは、前述したように「自分がすでにもっている知識や体験とのつながり」、「ほかの本とのつながり」、「世界とのつながり」の3種類です。例えば、ウォルター・

しっかり反応し、教えていく教師

ウィックの『ひとしずくの水』やロシェル・ストラウスの『川はよみがえる』、またスティーブ・ジェンキンスの作品などが使えるかもしれません。[4]

この時も、最初は教師が見本を示したうえで、各自、あるいはペアで付箋などを使って取り組み、最終的には1冊の本に対するみんなのつながりを書き出した紙を貼り出しておき、各自が読む時の目標としましょう。

レッスン 11 ▶ ふりかえり

一連のつながりのレッスンから学んだことを、読書ノートに書いて提出してもらいましょう。教師はそれらを読んで、何がどれくらい身に着いているかを判断し、補足する必要を感じたレッスンをクラス全体を対象にして行ったり、必要のある子ども達だけを対象にして再度行いましょう。

「関連づける」を教える時に使う言い回し

……を思い出す。

……を覚えている。

……とのつながりを感じる。

この人物と自分が似ているところは……。

違うところは……。

……と関係づけて読んだ。

ほかに読んだ本で……。

……○と○が似ている。

私にも似たことがあって……だった。

もし、自分だったら……。

★4★中高生を対象とする場合は、岩波ジュニア新書などが手ごろです。

第7章

質問する

　私達は、読む時に、質問をすることよりも答えを言ったり書いたりすることをはるかに優先するという教育を受けてきました。したがって、「読む時に質問することが大切なんだ」と言われても、あまりピンとこないかもしれません。しかし、優れた読み手はもちろんのこと、普通の読み手も当たり前のようにしていることが読みながら様々な疑問や質問を考えることなのです。それには、以下のような理由があります。

- ●書いてある意味をはっきりさせるため。
- ●これからの展開を予想するため。
- ●書き手の意図や書き方を知るため。
- ●書いてあることを疑ってみるため。

　読みはじめる前から読んでいる間はもちろんのこと、読み終わったあとまで質問をし続けるのですが、質問の少ない本よりも多い本のほうが記憶に残るということはまちがいないでしょう。ちなみに、講演などを聞く時にも同じことが言えます。私自身、メモをとること以上に質問を書いている時のほうがはるかに自分のためになりますし、頭に残るものも多いような気がします。その意味で言えば、質問のわいてこない講演や本は、自分にとっては大して役に立つものではないのかな、と思っているぐらいです。

　質問は、大きく二つに分けることができます。表面的で、正解が本文中にある「浅い質問」と、いくら探しても本文中に答えは見つからず、深く考えることが求められる「深い質問」です。学校でこれまで行ってきたのは前者ですが、

112　パート**2**　優れた読み手が使っている方法

これから求められているのは後者の「深い質問」です。それも、教師が生徒に対してするのではなく、生徒自身が深い質問を発して自分自身で答えを考えることです。そうすることで、子ども達は本来もっている好奇心を取り戻すことができ、自信もどんどん高まり、思考も深まります。

　深い質問は、自分自身を知ることも含めて深い思考をもたらし、結果的に私達の生活や社会に改善をももたらします。私達には、子ども達がどれだけ正解を得られるかにエネルギーを注ぐのではなく、正解のない質問（深い質問）ができるようにサポートすることが求められています。

　キーンとズィマーマン（33ページ参照）は、これまでの研究を読み直すことで、「理解の浅い子ども達は、読む時に質問をせずに、言葉や文章を表面的に理解することに焦点を当てて深く考えていない」という結論に達しました。当然、書き手との対話ができないのですから読むことを楽しむこともできません。質問をするということは極めて能動的な行為なので、単に読んでいるだけの時よりも、目がパッチリと開くわけです。また、質問は想像力も活性化してくれます。質問をすることで、そこに書いてあること、書き手が言わんとしていること、さらには社会や世界の理解が深まることになります。

　もしかしたら、人間であることの一番大切なことが、この質問ができる能力かもしれません。学校に入る前の子ども達は、とてもよい質問者なのに、いったん学校に入ると質問をしなくなり、学校から出る時にはまったくその能力を失ってしまったというのでは悲しすぎます。

　ここで紹介する様々な方法を使って、子ども達の質問力を回復していただき、さらに伸ばすようにしてください。なお、ここで扱うのはあくまでも読む時の質問力になりますが、読む時以外のあらゆる場面でも役立ちます。

　その役立つ場面の一つは、あまり声を大にして言いたくはありませんが、テストの時です。質問力を磨くことで出題する側の考えに近づくことができ、何が出題されるか予想することも可能になります。

　もう一つの大きな利点は、他教科への好ましい影響です。単に文字面を読んだり、書いてあることを鵜呑みにするのではなく、問いかけることによっては

っきりしない点も解消されるからです。

　もちろん、学校外での応用も多様となります。学校ではすでに答えをもっている教師が質問をしますが、学校以外では、当然のことながら情報を欲しがっている者が質問をすることになります。そのような練習を、学校にいる間にできるだけしておくことは重要です。

　そして、一般的には、知れば知るほど質問の質も高まることになります。なぜなら、問いを発することで新しい情報が得られ、それを自分なりに咀嚼して使ってみることで新たな問いが生まれ、もっと情報を知りたくなるという好循環を生み出すからです。

　例えば、10年以上にわたって使っていた湯沸かし器が壊れたので、業者さんに来てもらって直してもらったとします。作業をはじめる前に、すべての部品の保証期間はとうの昔に切れており、たとえ今回故障した所の部品を交換したとしても、ほかの所がいつ壊れるかはまったく分からないという事実が判明し、今回は、故障した部分だけを修理するか、それとも思い切って湯沸かし器全体を買い換えるかの選択があるということが分かりました。

　状況をより包括的に見ると、今回は壊れた部品を交換するか、どうせ保証期間がすぎているんだから、この際新しく買い替えてしまうかということです。究極的には買い替えを迫られると思いますが（業者の人もそのほうがありがたい）、経費的には10倍以上かかります。そこでこちらは、当初は部品交換を選択しながら、いつの段階で買い替えればいいのかという判断をすることになります。

　いずれにしても、この判断をするためには、様々な問いを発して、様々な人にアドバイスをもらって、自分なりにベストと思える決断をするしかないわけです。なぜなら、「正解」がないからです。

　ここで紹介したのは、極めて些細な湯沸かし器の故障という事例でしたが、基本的には組織や社会の問題においても同じです。世の中には、ある事象に対する解決策が別のより深刻な問題を生み出しているケースが多々あります。社会生活は選択を迫られることの連続なわけで、問われた質問に正解で答えるテ

ストのようなわけにはいきません。より良い質問やより良い答えを考える練習を学校の中でやらないで、いったいどこで練習したらいいのでしょうか？

それでは、本章で扱う質問力の向上によってもたらされる効果を以下に整理しておきます。

- 質問することの価値を知っていて、読む前、読んでいる間、読んだあとに質問ができる。
- 意味をはっきりさせるため、書いてあることを予想するため、書き手の意図や書き方を知るため、書いてあることを疑って見るためなど、様々な目的の質問ができる。
- 質問をすることで理解が広がる（深まる）ことが分かる。したがって、記憶にも残りやすくなる。
- 質問が、文章（ないし作者）とのやり取りを可能にする。
- 質問の答えが文章の中にあるか、自分で考えるか、ほかの本や資料にあたるか、誰かに聞く必要があるかなどが見極められる。
- 質問には、「浅い質問（表面的な・やせた・正解がある）」と「深い質問（深く考える・太った・正解がない）」の２種類があることが分かる。
- より価値の高い深い質問の答えは本文中には書いておらず、読み手に考えさせることを知っている。
- ほかの読み手の質問や答え（考え）を聞くことが、さらなる質問や考えを生む。
- 質問をすることは、他教科での学習も含めて日々の生活の様々な場面で使える。
- 質問をすることで読む楽しさが増し、好奇心旺盛な読み手になれる。想像・創造することにもつながる。
- より良い選書につながる。

（*Mosaic of Thought*, pp135〜136を参照）

第7章 質問する 115

レッスン 1 ▶ 質問・質問・質問

　子ども達は、教師の持ち物に興味を示すものです。教師が大切にしているものを教室に持ってきて、「これは私にとって特別なものです」と言いながら子ども達に見せてみましょう（これをする時は輪になるといいでしょう）。そして、それを順番に回しながら質問したいことを言ってもらい、教師はそれを黒板か模造紙に書き出していきます。

　持ってくるものは、あまり大きすぎなければ何でも構いません。旅行先で購入したもの、結婚記念などにもらったもの、あるいはこのレッスンのために拾ってきた石でも結構です。

　それが何であれ、子ども達からは次のような質問が出るはずです。「なんで特別なの？」、「もうどのくらい持ってるの？」、「誰かがくれたの？」、「それとも、自分で見つけたの？」、「いつも、どこに置いておくの？」、「持ってることで何かいいことあった？」などです。

　とてもよい質問がたくさん出されたことを褒めたうえで、質問を思いついたら付け加えてもいいことを伝えます。そして、みんなの質問には少しずつ答えていくことを約束し、本を読む時も同じであることを説明しましょう。

　書き手は、最初から答えを全部提示しているわけではありません。読み手と掛け合いをするような形で話が展開していくことが、ある意味では理想の書き方でもあるのです。もちろん、その過程では、読み手の側にはさらなる質問が浮かんでくることになります（*Comprehension Connections*, p65を参照）。

発　展
　子ども達が持っている特別なものでやってもいいでしょう。

応　用
　同じことは、教師が撮った写真や〈ナショナル・ジオグラフィック〉などの雑誌に掲載されている写真を使ってもできますし、

116 パート **2** 優れた読み手が使っている方法

ゴッホ、フェルメール、ピカソ、マティスなどが描いた絵を使っ
てもできます。この場合は、写真や絵を見て「分かる」部分と「分
からない部分」を出してもらうとよいでしょう。[★1]

レッスン **2** ▶ これ何？

もう一つ、子ども達が興味を示すのはまだ食べたことのない食べ物です。例
えば、キヌアやヤーコン[★2]などが考えられます。料理する前の生のものを見せて、
浮かんだ質問を「レッスン1」と同じ要領で出してもらって書き出していきま
す。

「これ、日本のじゃないよね？」、「どこの国から来たの？」、「先生は、これ
好き？」、「私達も好きになれる？」、「これって栄養あるの？」、「値段は高い？」、
「あとで食べられるの？」などの質問が出てくるでしょう。

そして、今みんなが出してくれたたくさんの質問は、まだ読んだことのない
本を初めて手にした時とまったく同じであることを伝えます。本の中にある言
葉や文章を実際に味わう前にたくさんの質問を出すことができれば、興味や関
心を沸き立たせてから読むことができます（*Comprehension Connections*, pp67
～68を参照）。

発 展

家庭科の時間と連携してやれれば、実際に料理されたキヌアや
ヤーコンを食べながら質問を出してもらうことができます。これ
も食べる前と同じように書き出して、本を読む時の類似点を見い
だします。読んでいる間はたくさんの質問が沸いてきて、その本
への興味や関心をさらに高めたり、理解を促進することになりま
す。

さらに、後片付けの終わったあとに、全体の体験を振り返って

第7章 質問する　117

考えられる質問を出してもらいます。これは、当然のことながら、食べる前や食べている間に思いついた質問とは違ったものになるでしょう。そして、それらは、本を読み終わったあとでも同じことを伝えます。

レッスン 3 ▶ 絵本のイラストで質問を考える

　読み方を教える本であるにも関わらず、本を使っていないレッスンを二つ紹介しました。いよいよここから本を使いはじめます。

　まず、試して欲しいのは文字なしの絵本です。美術鑑賞もそうですが、作品の脇に解説が書いてあると、私達はそちらのほうを読んで分かったような気になってしまいます（「パート1」61ページを参照）。その点、文字のない絵本の場合は、読者に委ねられている部分がかなり大きくなるので、質問することも含めて最適です。

　おすすめの作品は、ガブリエル・バンサンの『アンジュール』と『たまご』、バーバラ・レーマンの『レッド・ブック』、デイヴィッド・ウィーズナーのほとんどの作品、そしてポール・フライシュマン＆ケビン・ホークスの『Sidewalk Circus（歩道のサーカス）』などです。『Sidewalk　Circus』は英語の本ですが、文字のない絵本なので問題ありません[★3]。

　以下に、具体的な方法を挙げておきます。

★1★この写真や絵を使った「フォト・ランゲージ」の手順を知りたい方は、pro.workshop@gmail.com にメールをください。なお、音楽の好きな方は、お気に入りの曲を使って同じようにできるはずなので、ぜひ試して、その結果を上記アドレスに送ってください。

★2★前者はアワやキビに外見は似ていますが、同類の穀物の中でも群を抜いて栄養価が高く、NASAは「21世紀の地球上の生物の主食になる」と言って宇宙食に推奨しました。後者も、キヌアと同じく南米アンデス山脈一帯の原産で、ジャガイモなどと同じく、先住民によって伝統的に栽培されてきた根菜類の一つです。

★3★もちろん、文字のある絵本でもできます。例えば、パトリシア・ポラッコの『彼の手は語りつぐ』、ロベルト・イーノセンティの『白バラはどこに』、バーバラ・バーガーの『たそがれは　だれがつくるの』、クレア・ニヴォラの『あの森へ』などがおすすめです。

❶本文を読む前に、表紙を中心として、本の概略（宣伝？）が書かれてある表紙の裏側や、作者や訳者の紹介が載っている奥付を使って考えられる質問を挙げてもらいます。

❷次は、ページを順にめくりながら、思いつく質問を次々に言ってもらいましょう。２～４人が一組になって質問だけを出しあってもらうのもいいですが、「答え」を話しはじめると時間がなくなってしまうので、質問だけにとどめるように注意しましょう。

❸全部読み終わったあとは２～４人が一組になって、読み終わっても残っている質問と自分達がつくり出した質問が、この本を読む際にどのような役割を果たしていたのかを話し合います。

（*Comprehension Connections*, p70を参照）

発　展

　本章の最後にある「レッスン12」と同じような「ふりかえり」をすると効果的です。例えば、「質問について気付いたことや学んだことは？」、「質問はどのように読む時の助けになっているか？」、「質問への答えはどのように導き出されるか？」という質問に答える形でふりかえりを行うのです。ちなみに、これらを模造紙に書いて、これからのレッスンでもどんどん付け足していければ（そして、常に見えるようにできれば）、学んだことが常に補強されていくことになります。

レッスン **4** ▶ 教師の「考え聞かせ」で質問づくりの見本を示す

　絵本を読みながら、考えた質問の「考え聞かせ」を行います。実際に、読んでいる時の見本を教師が示すことが何より大事だからです。考え聞かせのあとにすることを考えると、質問をあらかじめ用意し、「浅い質問」と「深い質問」

表7−1 「浅い質問」と「深い質問」

浅 い 質 問	深 い 質 問
・すぐに答えられる。	・なかなか答えられない。
・正解がある。	・正解がない。
・本の中に答えがある。	・本の中には答えがない。
・言葉や文面レベルの（表面的な）理解を促進する。	・本には直接書いていないことを考えたり、発見させたりする深いレベルの理解を促進する。
・分かってよかったで終わり。	・もっと知りたくなる。
・ほかの質問との関連が弱いか、もしくはない。	・しばしば、ほかの質問を呼び起こす。
・どこ、誰、いつ、何ではじまる質問。	・なぜ、どうして、もしではじまる質問。

（出典：*Nonfiction Reading Power*, p65を参考に著者作成）

に分けて模造紙に貼り出せるようにしておくといいでしょう。質問を貼っていく前には、「浅い質問」と「深い質問」について子ども達と一緒に考えておく必要もあります。少なくとも、表7−1のような項目が出ればいいでしょう。

　このレッスンに使える本には、クリス・ヴァン・オールズバーグの『名前のない人』、『いまいましい石』、モーリス・センダックの『かいじゅうたちのいるところ』、マーガレット・ワイズ・ブラウンの『ぼくにげちゃうよ』などがあります。もちろん、「レッスン3」で使った文字なしの絵本でもできます。

『いまいましい石』を使った考え聞かせの例

表　　紙　あぶない目にあっているような船乗りとタイトルの「いまいましい石」は、どんな関係かな？

中 表 紙　「リタ・アン号の船長ランドール・イーサンの航海日誌からの抜粋」とあるが、これは本当にあった話？

5月8日　「まことに良い兆し」で航海がはじまったとあるが、問題には遭遇しないのか？

5月9日 腕のよい船乗り達は「それ以外の面においても申し分のない連中である」と書いているが、それはいったい何なのか？ ─→ 答えは、次のページに書いてあった。本を読んだり、歌ったり踊ったり、仲間を相手に昔の冒険話を交換したりして楽しんでいた。

6月5日 海図にない島に上陸することに決めたとあるが、これは悪い兆し？

6月6日 求めていた水も果物も見つからなかった代わりに「実に不思議なものを発見し、それを船に持って帰った」とあるが、これがいまいましい石のこと？ ─→ 答えは、次のページに書いてあった。これは、宇宙からのいん石？

6月10日 船乗り達は、本や音楽や物語の代わりにその石にすっかり夢中になって満足し切っているとあるが、それはいったい何か？ いん石ではなさそうだ。

（*Mosaic of Thought*, pp109〜113を参考に著者作成）

発　展

　4人ずつのグループになって、島のように机を配置して座ります。それぞれに深い質問を一つずつ割り当てて模造紙の一番上にそれを貼り出し、グループ内で話し合って答えを書き出します。それなりに納得のいく話し合いが終わり、答えが書き出せたのを見計らって、模造紙を置いてギャラリー・トークを行います（各グループが順次移動しながら他のグループのを読みながら追加したいことを書き込んでいきます）。そうすることで、自分達の所に戻った時には、さらに異なる考え方や視点があることに気付けます。

　必要に応じて、教師の「考え聞かせ」を行ったり、「浅い質問」と「深い質問」の振り分けをし、深い質問について考えることは繰り返し行うとよいでしょう。

第7章 質問する 121

レッスン 5 ▶ 子ども達が質問づくりの練習

　今度は、読み聞かせだけを教師がして、子ども達には付箋を配って質問をつくることをやってもらいます（ページ数も書くのを忘れないように）。質問が書けるように、読み聞かせはページごとに時間を十分にとる必要がありますが、あまり間延びしてもいけないので、ページ毎に一つの質問としたらいいでしょう。もちろん、質問がない場合は書かなくてもいいです。

　少人数のグループに分かれて「浅い質問」と「深い質問」の表に貼り出し、そのあとに、「深い質問」から一つ選んでみんなで答えを話し合います（*Reading Power*, p55を参照）。

レッスン 6 ▶ 各自で質問づくりの練習

　教師の見本がまずあり、次にペアかグループで練習したあとは、個人レベルでの練習をします。各自が自分にあった本を選び、「レッスン3」でした「読む前」、「読んでいる間」、「読み終ったあと」にそれぞれ浮かんだ質問を書き出していきます。終わったら、1人で「浅い質問」と「深い質問」に分けて貼り出し、「深い質問」から一つを選んでその答えを一番下に書きます。

　こういう表がポートフォリオや読書ノートに蓄積されると、読み手としての成長の足跡を振り返る際にとても効果的になります。

レッスン 7 ▶ 詩を使った質問づくりの練習

　詩を使って質問を出しあうのもよい練習になります。この時に使う詩は、教師自身が好きなだけでなく、読んだらすべて納得してしまえる詩ではなく、理解できないものも含めるほうが効果的です。例えば、私にとってのそんな詩の一つは、長田弘の「世界は一冊の本」（みすず書房、2010年）です。

　まずは読み聞かせをしながら、一段落ずつ、子ども達に思いついた質問を出

してもらいます。出された質問は模造紙に書き出していき、全部出し終わった
あとに、教師が抱え続けている疑問・質問も披露します。例えば、以下のよう
にです。

- 地球上にあるものすべてが本なら、世界は一冊の本ではなく図書館なの
  では？
- 「200億光年のなかの小さな星」とは、地球のこと？
- その後に続く「どんなことでもない」とはどういうこと？　次の文章を
  強調しているだけ？　その次の文は「生きるとは、考えることができる
  ということだ」が、読むということは？　同じく、考えることができる
  ということ？　そうなると、読むこととは生きること？
- もっともっと本を読むといったいどうなるんだ？　草原、雲、風、黙っ
  て死んでゆくガゼルやヌー（筆者注：アフリカにいる動物）を読めるよ
  うになると、いったいどうなるんだ？　少なくとも、作者はどうなって
  ほしいと思っているんだ？
- 書かれた文字だけの本を読んで満足するな、ということ？
- 「人生という本を、人は胸に抱いている」とは、どういう意味？
- 詩のタイトルは「世界は一冊の本」で、詩の中に「街々は本」であると同時に
  「本が街」と書いているが、それは「世界は本」＝「本が世界」という意味？

　1～2週間後、思いついた質問と回答を誰もが付け加えられるようにしたあ
とで、回答がない質問については話し合う時間を設けます。これを通して「浅
い質問」と「深い質問」の復習ができます。前者は、作品の中で解決する質問
ですが、後者はいくら作品を読んで分析しても、読み手が自分で考えなければ
見えてきません。しかし、なかには、自分がもっている知識や体験を思い出す
ことや友達と話し合うことで答えが見いだせるものがあったり、作者のほかの
作品を読むことで見えてくるものもあります。その一方で、クエスチョンマー
クのまま引きずらないといけないものがあることも認識できます。

レッスン 8 ▶ 気付いたこと、つながり、疑問・質問

　まず、124ページの**表 7 - 2**の枠組みだけを示しながら、「気付いたこと」、「つながり」、「疑問・質問」の三つを考えながら読み聞かせを聞くように言います。この場合も、適当に間を取りながらメモがとれるようにします。

　読み終わったあとは、それぞれの項目ごとにメモの内容を言ってもらい、それらを教師は書き出していきます。この表は貼り出したままにし、翌日、翌々日と読み聞かせを繰り返して、それぞれの項目に付け加えられるものがある場合には付け加えていきます。

　1回読んだだけで理解できることは少なく、繰り返し読むことで気付くことが増えたり、違った視点から見えたり、考えが修正されたりすることに気付けるようにします。

　このレッスンに使える絵本としては、クリス・ヴァン・オールズバーグの『ゆめのおはなし』、モーリス・センダックの『かいじゅうたちのいるところ』、ジョン・バーニンガムの『いっしょに　きしゃに　のせてって！』や『なみにきをつけて、シャーリー』などがあります。

応　用

　表の項目を、①本を通して学んだ（再確認した）こと、②疑問・質問、③調べ方、④新たに学んだこと、に変えれば、教科書も含めたノンフィクションの題材が扱えます。③までは全員でやりますが、④については、各自が調べて発表します。こうすることで、教師が一方的に教えてしまうのではなく、子ども達が出した疑問・質問を調べることで主体的に学ぶようにできます。

　具体的に扱える絵本としては、ニコラ・デイビス、スティーブ・ジェンキンズ、今森光彦の作品などがあります。

124　パート **2**　優れた読み手が使っている方法

表7－2　気付いたこと、つながり、疑問・質問（『かいじゅうたちのいるところ』を使った例）

	①気付いたこと	②つながり	③疑問・質問
表紙	・足が人間の足。 ・タイトル。 ・再度、かいじゅうをみるとぬいぐるみを着ている！		・これは、本当は人間の話？ ・かいじゅうはどこにいる？ ・本当のかいじゅうの話ではない？
中表紙	・男の子はぬいぐるみを着ている。 ・よく見ると、かいじゅうたちは夫婦？　男の子を怖がって逃げているよう。		・ということは、かいじゅう達も？ ・ということは、男の子の両親？
1	・マックスはオオカミのぬいぐるみを着てたんだ！	・そんな遊びはしなかった。	
2	・おおあばれ。	・犬がかわいそう。 ・中表紙のかいじゅう達と同じだ！	
4	・お母さんに逆らう。	・罰を与えられる。	・マックスはどうするかな？
6	・閉じ込められた自分の寝室に木がはえだした。 ・マックスは目を閉じている。		・夢を見はじめた？ ・木は何を象徴しているのか？
8	・もっと木が増えてマックスは喜んでいる。 ・目をつぶったところから三日月が出ている。		
10	・ジャングルが急に海に。		・ますますおかしい！ ・なぜ海じゃないとダメなの？
12	・1年と1日航海して、かいじゅうたちがいる所に到着。		・なんで1年と1日？
14	・4匹のかいじゅうがいるうち、2匹は中表紙と同じ。		・かいじゅう達が出迎え？ ・かいじゅうは何を表しているのかな？

レッスン9 ▶ マインド・マップを使った質問づくり

　引き続き、ノンフィクションを読む時に効果的な方法を紹介します。マインド・マップ（思考の地図）と似ている「ウェブ（クモの巣図）」と呼ばれている方法でも同じ効果が得られます。

　特に、社会科や理科（や保健や家庭科や道徳や特別活動など）を学習する際には、「まち」、「公害」、「武士の誕生」や「人の誕生」、「天気」などのキーワードを中央に大きめに書いて、それについて知っていることを周りに関連づけながら書き込んでいきます。すでに子ども達が知っていることはあえて教える必要はありませんが、知らない子どもがいた場合は知っている子どもに教えてもらったほうがいいでしょう。

　次に、同じキーワードで疑問・質問（つまり知りたいこと）をできるだけたくさん同じ要領で書き出していきます。それらについて、教科書で答えが分かるものもあるでしょうが、そうでないものについては「レッスン8」で行ったのと同じように調べ方をみんなで考えてから、各自が一つか二つの質問を担当

図7－1　ウェブ（クモの巣図）

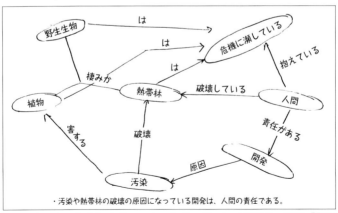

（出典：ジェニ・ウィルソン＆レスリー・ウィング・ジャン／吉田新一郎訳『「考える力」はこうしてつける』新評論、2004年、133ページ）

126　パート **2**　優れた読み手が使っている方法

する形で調べて、教えあえるようにするとより主体的に学ぶことができます
（*Nonfiction Reading Power*, pp68～69を参照）。

レッスン⑩ ▶　質問への答え探しと、質問づくりをしながら読む

　111ページで、私自身、講義を聞く時は質問を考えながら聞いたほうが理解
が進むし、記憶に残るものも多いと書きました。単に聞いたことをメモにとる
だけでは、どうせあとで読むこともないし、結果的には時間の無駄になるとい
う経験ばかりしてきたからです。このことを本や文章を読む時に当てはめると、
読む内容について大切と思われる質問を一つから三つまず考えたうえで読みは
じめるということになります。

　基本的には、それらに関する答えと、読んでいて大切だなあと感じたり面白
いと思う点を用紙の左側にメモしていくと同時に、メモしたことによって考え
たことや、さらに沸いた疑問・質問を右側に書き出していきます（**表7−3**を
参照）。こうするだけで、普通のメモのとり方よりははるかに考えることにな

表7−3　用紙の例

メモ（大切な点やおもしろい点）	それについて考えたことや疑問・質問

（出典：*Strategies That Work*, pp117～118を参考に著者作成）

りますし、2回目、3回目にメモを読む時にもそれをベースにして考えられるので、常により高い次元の思考が可能になります。

レッスン11 ▶ 質問や疑問の答えはどこにあるのか？

「レッスン10」のような活動をしたあとに、2人一組で答えの探し方について話し合ってもらったうえで、クラス全員で「答えの探し方」という掲示物をつくります。それには、少なくとも以下のようなものが含まれるでしょう。

- ・そのまま続けて読み進む。
- ・読み直す。
- ・推測する。
- ・他の本や資料を読んで調べる。
- ・すでに知っていることから見当をつける。
- ・誰かに聞く。
- ・インターネットで検索する。

レッスン12 ▶ ふりかえり

一連のレッスンから学んだことを、読書ノートに書いて提出してもらいます。教師はそれを読んで、何がどれくらい身に着いているかを判断し、補足する必要があると思ったレッスンやそのバリエーションをクラス全体で行ったり、必要のある子ども達を対象にして行います。

「質問する」を教えるときに使う言い回し

……について不思議に思った。

……についてよく分からない。

もし……だったらどうだろう。

なぜ……なんだろう？

どうして……なんだろう？

128　パート **2**　優れた読み手が使っている方法

第 **8** 章
イメージを描く

　小説やノンフィクションの作品が数多く映像化されていることからも、イメージを描き出すことが読むことにおいて大切であるということは容易に想像できます。なかには、原作を超える作品に仕上がったものもありますが、逆に、原作にとても及ばないものも少なくありません。もちろん、その評価は一人ひとり違い、決して一様のものでもありません。

　私達は、背景や登場人物などのイメージを自分なりに描き出して読んでいますから、それが映像化されて提示されると、納得のできる場合もあるし、がっかりする場合もあります。

　いずれにしても、テレビや映画を見ることと、自分で本を読んだりラジオを聞くこととの違いは、誰かがイメージ化したものを受動的に見るのか、それとも自分が主体的にイメージをつくり出すのかということになります。前者ばかりだと、自らがイメージをつくり出すことをしなくなるので、想像力・創造力の低下を懸念する人がいます。それに対して、本を読むことやラジオを聞くこと（かつては口承）は、一人ひとりがイメージを描き出すことを前提にしたコミュニケーション媒体と言えます。

　そこに書かれている言葉や文章と、自分がすでにもっている知識や体験を組み合わせてイメージをつくり出すことを前提とした読むという行為をコミュニケーション媒体の一つであると考えると、イメージが描けるか否かで理解や楽しさの度合いはかなり違ったものになります。読むことが嫌いな子ども達や、字面は読めても理解が乏しい子ども達の多くは、知識や体験の少なさも原因の一つでしょうが、イメージを描く能力が欠如しているからという指摘があるぐ

らいです。

　このことをふまえているのかどうか分かりませんが、「イメージを描くこと」は、日本の小学校段階の国語でも柱となっています。指導要領に、「場面の様子や、登場人物の性格や気持ちの変化などについて、叙述を基に想像して読むこと」とちゃんと書いてあります。しかし、それをどう教えたらいいのかという部分に関しては、極めて弱い状態が長年にわたって続いているのではないでしょうか。

　読みながらイメージが描けると、様々なことが鮮明になり、理解が深まり、記憶に残りやすくなり、そして何よりも読むこと自体が楽しく、面白いものになります。なお、イメージに描くというと視覚的な部分だけが強調されがちですが、残りの五感である聴覚、嗅覚、味覚、触覚と、気持ちといった部分も大切です。

　そして、何よりも忘れてならないことは、イメージを描くことは人類が長年やり続けてきたことだということです。それも、読み・書きができるようになるはるか前から行ってきたのです。したがって、決して難しいことではなく、練習次第ですべての人に身に着くものだということです。例えば、オーストラリアの先住民であるアボリジニーは、何万年という期間、文字をもたずに素晴らしいストーリーをたくさん伝承してきました。

　イメージが描けるとはどういうことかを整理すると、以下のようになります。

- 聞いたり読んだりする言葉や文章を通して、頭の中に写真や動く映像を描き出すことができる。
- 視覚的な部分だけでなく、ほかの感覚や感情的な部分も使って描き出せる。
- 優れた読み手は、読んでいる最中はもちろん、読み終わったあとでもイメージを描いている（それを、ほかの読み手と共有したくもなる）。
- 細かいことも含めてイメージを鮮明に描くことで内容に深く入り込むことができ、それによって理解も深まり、記憶にも残りやすくなるという好循環を生み出す。
- 逆に、イメージが描けない時は自分が理解できていないのではないかと

130　パート **2**　優れた読み手が使っている方法

　　　思い、読み直したりして読みの修正モードに入ることができる。

● 描き出したイメージを、読み進むなかで（あるいは、ほかの人の解釈を
　聞くことで）柔軟に変えることができる。

● 描き出したイメージは、読み手が書く時の貴重な財産になる。

（*Mosaic of Thought*, p196を参照）

レッスン **1** ▶ 言葉からイメージを描く

　まずは、言葉だけでイメージを描く練習をします。すでに、第1章で「犬」
からつながりを見いだすことを書きましたが、それと同じように「犬」と言っ
て、子ども達に想像したイメージを描いてもらいます。そのあとに、「どんな
犬をイメージしたか？」、「色は？」、「どこにいたか？」、「誰といたのか？」、「ほ
かに考えたことは？」などと質問します。

　一つか二つの言葉を選んで全体で行って要領がつかめたら、その次は2人な
いし3人で互いのイメージを話し合うようにします。ほかにも、「お店」、「山」、
「失敗」、「遊び」、「夏休み」などでやれます。

> **発　展**
>
> 　「そこ」、「前」、「これ」、「でも」などの言葉で同じようにイメー
> ジを描いてもらい、言葉にはイメージが描きやすい言葉と、そ
> うでない言葉があることを知ってもらいます（*Reading Power*,
> p68を参照）。

レッスン **2** ▶ 聞いたことをイメージする

　Ａ４の無地の紙に、口頭で伝えるものを各自のイメージに従って描いてもら
う活動です。例えば、「星」と「家」の場合は以下のように進めます。

第8章　イメージを描く　131

　紙は横長に使います。紙の右上から左下に向かって、星が一つ流れました。星の下には山が見えます。山の前に、一軒家が立っています。その家の前には池があります。池にはアヒルが泳いでいます。家の後ろに高い木があります。木の上には雲が浮かんでいます……。

　このまま続けてもいいですが、たったこれだけでも多様なイメージが描けたはずです。周りの人のを見あって、共通点や相違点を確認してもらいましょう。

バリエーション

①ラジオドラマを録音したもの[1]を聞いてもらい、3〜4分ごとに間を置いて、ペアでイメージを話し合います。

②社会科では、訪ねたいと思っている国を選んだ（これから学習する地域を指定した）うえで、イメージを描いてもらってから2人か3人一組で紹介しあいます[2]。

レッスン 3 ▶ 考え聞かせでイメージするのを実際に見せる

　今現在、教師が読んでいる本を使って、イメージすることを「考え聞かせ」ながら見本を示します[3]。そのためには、事前に描いたイメージのメモを書いておくことが必要です。

　2回目か3回目に見本を示す時はイメージが描けないので、もう一度ゆっく

★1★「ラジオドラマ」で検索するといろいろ見つけられます。私が好きなのは、森繁久弥と加藤道子が長年にわたってやっていたNHKの「日曜名作座」、西田敏行と竹下景子の新コンビでスタートした「新日曜名作座」です。2人の声を聞いているだけで、劇場で観ている感じがしますから不思議です。

★2★この事例をはじめ、たくさんの社会科や生活科などに応用が可能な『テーマワーク』（国際理解教育センター翻訳・発行　特に、「国ってなあに」の章）を参照してください。

★3★「考え聞かせ」で見本を示すことは、実際に読み手がしていることを具体的に示すことになるので、すべての方法を教える時にとても効果的です。それも1回に限定せずに、必要を感じたら繰り返してください。それほど、見本を示すこと、および考え聞かせの手法は大切です！　これまでの教え方には、決定的にこの点が欠落していました。使う本も、絵本や小説ばかりでなくノンフィクションの作品、雑誌、新聞、詩、俳句なども含めて様々なジャンルが可能です。

132　パート**2**　優れた読み手が使っている方法

り読み直すことで理解を修復し、イメージが描けることをあえて実演して見せられるといいでしょう。本をたくさん読んでいる人もイメージが描けないことや、読み直すことがあることを実際に示すことはとても価値のあることです（*Mosaic of Thought*, p177を参照）。

レッスン **4** ▶ 「絵を見せないで読み聞かせ」対「絵を見せて読み聞かせ」

　絵を見せないで絵本の読み聞かせをしたあとに、どんなイメージを描いたかをペアで話し合ってもらいます。そのあとに、今度は絵を見せながら読み聞かせを行って、違ったイメージを描いた所を出してもらいます。

　実際に絵本を最初から見せながら読み聞かせをした場合は、どのようなイメージに関する活動が可能でしょうか？　例えば、続きが書ける／描けるか？　ストーリーがはじまる前が書ける／描けるか？　異なるバージョンが書ける／描けるか？　などでしょうか。そう言えば、日本には「紙芝居」という卓越した媒体もありました。

　なお、少し創造的な絵本にチャレンジしたい人には、ジョン・バーニンガムの『なみにきをつけて、シャーリー』と『おじいちゃん』がおすすめです。

レッスン **5** ▶ 詩からイメージを描く

　詩を読み聞かせして、各自でイメージを描いてもらったあとにペアで話し合ってもらいます。例えば、三好達治の２行の詩である「雪」などが最適かもしれませんし、まどみちおや金子みすゞの詩もイメージが描きやすいです。とはいえ、イメージが描きにくい詩もぜひ試してみることをおすすめします。もちろん、詩の代わりに音楽を使っても同様の効果があります。

 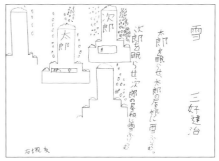

レッスン 6 ▶ ペア読書やブッククラブでイメージを共有

　長めの本を読みはじめると読書量が格段に進みますが、1人で読むことが多くなるため、たまには「ペア読書」や「ブッククラブ」をすることをおすすめします。

　ここで行うペア読書は、2人が交互に読みながらイメージしたことを共有しあいながら読み進む方法で、ブッククラブのほうは、3～5人ぐらいのメンバーが読む量を自分達で決め、読んで感じたことなどをメンバーで話し合いながら読み進める方法です。両方とも、自分以外の人のイメージや疑問なども踏ま

話し合うことでイメージが膨らむ

134　パート *2*　優れた読み手が使っている方法

えながら読み進むことになるので、読みの幅が広がったり深みも得ることができます。

レッスン *7* ▶ 小説の配役を考える

　自分のお気に入りの小説が映画化されると想定して、実際の配役を考えてみるというエキササイズです。

　それぞれの登場人物の特徴（外見や性格など）を書き出したうえで配役を考えてみましょう。例えば、私が好きなロイス・ローリーの『ギヴァー』の登場人物を日本人に置き換えるのであれば、最初に読んだ時からギヴァー役は北野武さんしかいないと思っています[4]。

　作品の中から、その選択がふさわしいことを証明する文章を書き出して添えれば、説得力は一層高まります。

レッスン *8* ▶ お気に入りの本の販売促進用のチラシをつくる

　自分のお気に入りの本について、Ａ４判の販売促進用のチラシをつくってみましょう。当然、広告をつくるなら、文章だけではインパクトがないので、何らかのイメージを添えたほうがいいでしょう。レイアウトや使う文章も含めて、一切を１人もしくはグループでつくります。できあがったら、どのチラシを見てその本が読みたくなったかというコンテストをやってもいいでしょう。

　イラストなども自分達で描くようにしたいところですが、もし無理な場合は、これまでに読んだ本や雑誌に掲載されているものから自分にあったイメージのものを探して貼りつければいいでしょう。

レッスン *9* ▶ ふりかえり

イメージのレッスンから学んだことを、読書ノートに書いて提出してもらい

ます。教師はそれを読んで、何がどれくらい身に着いているかを判断し、補足する必要があると思ったレッスンやそのバリエーションを、クラス全体で行ったり、必要のある子ども達だけを対象に行います。

> **「イメージを描く」を教える時に使う言い回し**
>   私が想い描いたことは、
>   私が感じたことは、
>   私がイメージしたことは、
>   私に聞こえたことは、
>   私が味わったことは、
>   私の印象に残ったことは、

★4★高校生が考えた配役に興味のある方は、http://thegiverisreborn.blogspot.com/2010/01/blog-post_30.html を覗いてみてください。) また本書は、『ギヴァー　記憶を注ぐ者』として2014年にアメリカで映画化され、日本でも公開されました。監督はフィリップ・ノイスが務めました。

第9章
推測する

　主に文学を読む時、「行間を読む」ことの大切さということがよく言われます。「行間が読めるようになれば面白さが増す」とも言われています。しかし、少なくとも私の小・中・高校時代を通じて、誰もその方法を教えてくれませんでした。したがって、行間にはいつも狭い白いスペースしか私には見えませんでした。ですから、当然、読む楽しさも味わえなかったわけです。

　それもあって、私は「文章の表面に表されていない真意をくみとる」（岩波国語辞典・第4版）必要のないノンフィクションに浸ってきたのだと思います。何と言っても、ノンフィクションの場合は文面にはっきりと書いてくれていますから。

　「行間を読む」や「文面に書かれていない真意をくみとる」では何をどうしていいかが伝わってきませんが、「推測する」なら少しはましなような気がします。前者はとても高尚な感じがしますが、推測のほうは、それをしないと生きていけないぐらいに日常生活のなかで頻繁にしていることです。

　推測は、一般的に「物事の状態・性質や将来を、部分的・間接的に知り得た事柄や数値から、おしはかること」（前掲の辞典）と理解されており、ここで使うのもまさにその意味です。「部分的・間接的」には、書いてある部分を使って（あえて？）書かれていない「真意」を推し量るわけです。

　例えば、日常生活のなかでどのように使っているかというと、小さな子どもですら親の顔色や態度を見たり、電話での話し方を聞くだけで機嫌がいいのかどうかを推測することができますし、お願い事を今すべきかどうかの判断が下せます。話している内容よりも、話し方やボディランゲージのほうがはるかに

第9章　推測する　137

重要なメッセージをもっていることをお見通しなのです。

　この推測する能力のすごいところは、誰に教わったわけではなく、まさに見よう見まねでできるようになってしまうということです（しかし、最近は「空気が読めない」人が急増しているようですが……）。

　だからといって、文章を読む時にも同じように推測する（行間を読む）ことができるようになるかというと、そうではありません。たくさん読むことで可能になるとは思いますが、普通の人は、そこに至るまでに読むことの楽しさが味わえないので、結局できないまま読書から遠ざかってしまいます。しかも、「真意を得る」ことなしに遠ざかってしまうのですから、「もったいない」のひと言に尽きます。

　それでは、どうしたら推測したり真意を得ることが可能になるのでしょうか？まず言えることは、推測することが、これまでの三つの章で扱った（関連づける、質問する、イメージを描く）ことと深く結び付いているということです。したがって、これら三つが容易にできるようになることは、推測することも容易にするということです（当然、逆のことも言えます）。

　エイドリアン・ギア[1]は、推測する力をつけるのに一番いい方法は、「本の探偵になる」ことだと言っています。とてもいい表現だと思います。例えば、刑事コロンボのように些細なことにも注意を向けて、そこから解決の糸口を見いだしていくという感じです。

　つまり、解決のヒントになるものを文章の中から見つけて、自分が知っていることや経験を総動員して、空白を埋めるように意味をつくりだしていくわけです。その際、作家のスタイルを見抜くことも大切になります。人によっては、必要以上に余分なことは書かずに、読者に発見させたり、考えさせるという作家もいます。当然、書かれていませんから、読み手が発見したり考えるしかありません。でも、これができるようになると、読むことは確実に楽しくなります。

★1★Adrienne Gear は、16年間小学校の教師をしたあと（他に日本で3年英語を教えたことも、司書を3年していたこともあります）、現在はカナダ・バンクーバー教育委員会の指導主事をしています。*Reading Power* と *Nonfiction Reading Power* の著者。

138　パート **2**　優れた読み手が使っている方法

　推測することを使いこなせるようになると、読んでいる時に「よく分からない」という言葉よりも、「ああ、そういうことか」という言葉を頻繁に発するようになります。アメリカでは、「頭のいい子はたくさん覚えることができ、真に賢い子は推測ができる」と言うぐらいです。

　なお、「推測する」と似ている言葉に「予想する」というのがあります。予想（ないし予測）することは、推測することの一部です。予想は作品の中に答えを見いだすことができますが、推測には書かれた答えは存在しませんので、より高度なものと言えます。

　以下に、推測に関連することをまとめました。

- 推測することは、文章を読んで、自分がすでにもっている知識や体験に関連づけて自分なりの意味や考えをつくり出すこと。
- 文章や絵には直接書かれていないが、作者が言わんとしていることを推し量って解釈すること（描き出すイメージは、その方法の一つと捉えることができる）。
- 推測は、読みながら浮かんだ疑問や質問の答えの場合もある。
- 推測することは、先読みすることとも捉えられる。すでにもっている知識や体験をもとに、次に何が書いてあるのかを予想することである。その予想はもちろん、当たっている場合もあるし外れる場合もあるが、それが読む面白さやワクワク感をもたらす。
- 自分がすでにもっている知識や体験（記憶）を確認したり、補強したり、修正したり、そして増やしたりもできるし、書いてあった内容を応用することも容易にする。
- 読み直したり、誰かに聞いたり、場合によっては自分がイメージしていることを書いたり（描いたり）すると推測に役立つ。
- 立ち止まって振り返ったり、異なる解釈や視点で考えられるとより良い推測が得られる。ほかの人の解釈や推測を聞くことで、自分の推測を変えることにも躊躇しなくなる。
- 理解できない言葉や文章に出合った時は、文章の流れや前後関係、ある

いは描いてある絵などからその意味を推し量ることができる。

● 登場人物に共感したり、ストーリーが展開している場面を鮮明に描けたり、推理を見事に解き明かしたり、書かれているユーモアやジョークで笑えたり、書かれている事実に自分なりの反応ができたりすることなどは、すべて推測の範疇に含まれる。

● 推測することが、分析的な読みや批判的な読みも可能にする。

（*Mosaic of Thought*, pp166〜168を参照）

レッスン ① ▶ 写真から推測する

　人物でも、風景でも、子ども達が初めて見る写真を用意して、まずは実際に見えるものをできるだけ書き出します。その際、写真をＡ３サイズの白紙の中央に置き、１グループ３〜４人が周りから書き込んでいくとよいでしょう。

　次に、それら実際に見えたものから推測できること（予想がつくこと、解釈できること、分かることなど）を色違いのペンで書いていきます。それぞれのグループの「推測できたこと」というか「見えてきたもの」を共有しあってから、ユニークな推測をその根拠（実際に見えたもの）とともに出してもらい、それを板書していきます。

　推測には、常にその裏付けとなるものがあるということを確認して終わるようにしましょう。根拠のないものは、単なる「あてずっぽう」でしかありません（『テーマワーク』国際理解教育センター、44〜51ページを参照）。

バリエーション

　写真の代わりに絵本の中のイラストを使ってもいいですし、誰かのバッグ、財布、靴、コートなどを使うことも可能です。絵本の場合は、クリス・ヴァン・オールズバーグやデイヴィッド・ウィーズナーがおすすめです。

140 パート **2** 優れた読み手が使っている方法

レッスン **2** ▶ 文字なし絵本からストーリーをつくる

文字のない絵本は、描かれている絵だけで読者がストーリーを読むようにできているので、推測するレッスンには最も適していると言えます。

まずは、教師が「考え聞かせ」をすることからはじめますが、その際は表紙からはじめるのがいいでしょう。数ページ見本を見せて要領がつかめたら、今度はペアか小グループになって、1ページずつ絵を見て推測したことや考えたことを紹介しあいましょう。

これに適した絵本には、バーバラ・レーマンの『レッド・ブック』や『ミュージアム・トリップ』、イシュトバン・バンニャイの『アザー・サイド』、そしてポール・フライシュマン＆ケビン・ホークスの『*Sidewalk Circus*（歩道のサーカス）』やギオラ・カルミの『*A Circle of Friends*（友達の輪）』などがあります（最後の2冊は英語ですが、文字なし絵本なので問題ありません）。

レッスン **3** ▶ 事実・質問・推測

この三つの項目を、それぞれの間を空けて板書します。「事実」は書いてあることないし描いてあることで、「質問」は事実から浮かんだ疑問、そして「推測」は事実や質問に基づいて推し量ったことないし考えたことです（**表9−1**を参照）。

まずは、教師が見本を見せるために最初のページを開いて「事実」を書き出します。次に「質問」、そして「推測」と2〜3ページ同じやり方で進めて、子ども達が要領をつかめたら、次の2ページは子ども達にそれぞれの項目を埋めるための発言をしてもらいます（*Reading Power*, pp87〜88を参照）。

この活動におすすめの絵本は、先に紹介したクリス・ヴァン・オールズバーグやデイヴィッド・ウィーズナー以外に、アンソニー・ブラウンやジョン・バーニンガムもあります。

第9章 推測する　141

表9-1　『こしぬけウィリー』を読んで

	事　実	質　問	推　測
表紙	・ゴリラがジョキングをしている。 ・ちょっと弱弱しい顔？ ・「こしぬけ」が色違いの字。	・これがウィリー？ ・これがこしぬけウィリー？ ・なぜ、色が違うのか？	・人間は登場しない？ ・情けなさがにじみ出ている。「こしぬけ」も悪くない、という意味？？
扉	・ゴリラの握りこぶし。	・なぜ、描かれている？	・ウィリーのやる気？
第2扉	・バナナ。	・ウィリーの好物？	・たくさん食べるシーンが登場する？
本文（最初のページ）	・ハエも殺せないウィリー。	・今後どうなっていくのか？	・ハエを殺せるようになる？

発　展

各自が自分の好きな絵本を選んで、自分の表を完成してペアや小グループで互いに紹介しあいます。

バリエーション

教科書は事実の羅列ばかりで、読み物として面白いとはお世辞にも言えないのですが、「レッスン4」で紹介する「本の探偵になる」というアプローチを取ることで、少しは面白さを味わうことができます。

「レッスン3」の三つの項目全部を使うか、「事実」と「推測」だけ、あるいは「質問」と「推測」

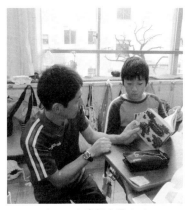

ちょっと表紙を見せて

142 パート **2** 優れた読み手が使っている方法

だけの表を使って理科や社会など（算数・数学も可能！）の教科
書を読み込んでいくと、理解度や記憶に残る量がかなり違う子ど
もがたくさん出てくるはずです。それほど、質問したり推測する
パワーはすごいということです。どのような表にするかは、教科
によって判断するのがいいでしょう。

レッスン **4** ▶ 本の探偵になる

　ここでは、読みながら推測したことを書き出していきます。クリス・ヴァン・
オールズバーグの絵本ならどれでもいいと思いますが、『いまいましい石』や
『名前のない人』などは特におすすめです。

　全部読み終わったあとに書き出したリストを振り返ると、答えが出ている推
測（それらは「予想」という）もありますので、当たっているものには○を、
はずれたものには×をつけるといいでしょう。同じ絵本を選んだ者同士が集ま
って共有しあうと、違いや共通点が浮き彫りになってきます（*Reading Power*,
pp84〜85を参照）。

レッスン **5** ▶ 分からない言葉を推測する

　教科書を含めたいろいろな本を読んでいて結構見かけるのが、分からない言
葉です。しかし、そのたびごとに辞書を調べるわけにはいきませんので、それ
らの分からない言葉にうまく対処するために「推測する」ことも一つの方法に
なります。どうするかと言いますと、すでに自分が知っていることと、文面か
ら分かっていることを総動員して「推測する」のです。その前に、分からない
言葉があった時にできることを、ブレーン・ストーミングをして出しておいた
ほうがいいでしょう。子ども達からその方法が出てこない場合は、以下に挙げ
たものを紹介してください。

第9章　推測する　143

❶絵やイラストや写真を見て推測する。

❷文の前後関係から推測してみる。

❸少し前から読み直して推測する。

❹無視して読み進む（あとで確認する）。

❺もっている知識を活かして、知っている言葉に置き換えて読み進む（あとで確認する）。

❻分かっていそうな誰かに尋ねる。

❼辞書を引く。

　教科書か、子ども達にとっては少しレベルの高そうな本を選んで読み聞かせをし、分からない言葉があった時は手を挙げてもらいます。その言葉が含まれる文章を板書し、上の方法のいずれかを使って推測したことをその隣に書き出し、推測した方法の❶～❼の番号も書いておきます。

　これを三つか四つの言葉でとりあえず行い、要領がつかめた時点で用紙（**表9－2**参照）を配って各自で試してもらい、7～8分したらペアで共有しあいます（*Strategies That Work*, p139を参照）。

表9－2　分からない言葉を推測する

言　葉	言葉を含む文章	推測した意味	推測した方法

144　パート **2**　優れた読み手が使っている方法

| 発　展 |

　さらに次のステップでは、自分の読んでいる本で分からない言葉に遭遇した時は、**表9 - 2**の用紙を使ってみるようにし、教師はカンファランスなどでそれをサポートし続け、対処法を自分のものにするのを助けます。

レッスン **6** ▶　主人公の気持ちや思いを推測する

　物語が終了した時点での主人公の気持ちや思い、そして考えていることを、主人公が語った言葉や起こした行動、またほかの登場人物の言葉や行動、そして反応などから推測してみます。例えば、ピーター・レイノルズの『てん』（絵本）やロイス・ローリーの『ギヴァー』がおすすめです。

| 発　展❶ |

　その気持ちを大切にしながら、その後どうなったのかという展開を考えて、ペアか小グループで共有しあいます。

| 発　展❷ |

　もし、自分が主人公だったらどのような行動に出たかを書いてみます。

| 発　展❸ |

　物語から学ぶ点にはどんなものがあるかをリストアップし、それがどのような形で提示されていたかもあわせて出します。後者については、直接的に登場人物に発言させていたとか、行動に現れていたとか、主人公の成長でそれが分かったとか、です。

第9章　推測する　145

レッスン 7 ▶ ふりかえり

　一連の推測するレッスンから学んだことを読書ノートに書いて提出してもらいます。教師はそれを読んで、何がどれくらい身に着いているかを判断し、補足する必要があると思ったレッスンやそのバリエーションをクラス全体で行ったり、必要があると思われる子ども達だけを対象にして行います。

「推測する」を教える時に使う言い回し

　……と思った。そのわけは〜

　……かもしれない。そのわけは〜

　多分……は〜

　……という意味かもしれない。

　……と予想できると思う。

第 10 章

何が大切かを見極める

　第9章で扱った「推測する」と同じように、「何が大切か見極める」ということは、私達が日常生活のなかで極めて当たり前のようにしていることです。

　子ども達も、○○は大切だからすぐにやらないといけないとか、誰かに聞いたり、助けてもらわないといけないとかのように判断していますし、○○はそんなに大切ではないので、たとえお母さんやお父さんに繰り返し言われてもやらなくていいというように、見事なぐらいに判断しています（もちろん、見る視点によって大切なものが違いますから、それが親子ゲンカになったりしますが）。

　私達大人も、休みの日に何をするかとか、車などの大きな買い物を含めて何を買うかなど、何が大切で何が大切でないかを見極めて、それなりに納得したうえで行動をしています。

　このような日常的に当たり前にしていることは、本を読む時にも十分使えます。おそらく、ほかの方法よりは苦労せずにできるのではないかと思います。本章では、それを確実にできるようにするための方法を紹介します。

　まず、読みはじめる前にできることがいくつかあります。そもそも、何を目的にして読むのかをはっきりさせることです。それに応じて、どれくらい時間をかけるのか、どういう姿勢で本にのぞむのか（例えば、メモを取りながら読むのか、それとも楽しむことを主目的にして、面白い発見や感動するものに出合えれば満足というレベルで読むのか）といったことが明らかになりますから、目的をはっきりさせることは大事なことです。

　それ以外にも、特にノンフィクションを読む場合は疑問や質問を明確にする

ことで探すことも明確になるので、何が大切かを見いだしやすくなります。さらに、本のレイアウトや文の構造などについての知識をもっていると、何が大切で何がそうでないのかを見極めることが容易になります。その意味では、教科に関係なく教科書を読むテクニックがあるわけで、それを知っているか、それとも知らないかで、記憶に残る量が歴然と違ったものになってしまいます。

　読んでいる間、書き手が大事なことを書く際に使っている言い回しが見抜ければ大切なことを探しやすくなりますし、書き手の立場に立つことができれば大切な点も見えやすくなります。

　読み終わったあと二度目、三度目を読み返すことで大切な点が際立ったり、最初に読んだ時には気が付かなかった所が見えてくるという可能性もありますから、繰り返し読み返すことも貴重な方法です。

　なお、最後に強調しておきますが、この能力は情報社会に生きている今の子ども達やこれから生まれてくる子ども達にとっては、私達が育った時とは比べものにならないぐらい重要性が増しています。何と言っても、アクセスできる情報量が膨大ですし、同様に、テレビにおいてもすごい数のチャンネルが見られる時代になっています。それだけに、何が大切で何が大切でないのかを見極める能力が求められるのです。

　もちろん、何が大切かと判断するだけでなく、批判的に見て判断するという力も求められています。私達大人もそうですが、いちいち情報を鵜呑みにしていたら大変なことになってしまいます。

　「何が大切か見極める」ことに関して重要な点をまとめると以下のようになります。

- そもそも、何のために読むのかという目的が大切さの判断に大きく作用する。
- 何が大切かを見いだす作業は、疑問や質問からはじまることがしばしばある。そして、すでに知っていることと、そうでない新しい発見であるということが分かれば何が大切かを判断しやすくなる。
- 字の大きさや書体、写真、イラスト、図表、目次、はじめに、おわりに、

148 パート **2** 優れた読み手が使っている方法

　索引、そして文の構造などの役割や読み方を知っていると大切さの判断
　がしやすい。
● 何が大切でないかを見極めることも、何が大切かを見極めるのと同じレ
　ベルで重要である。そうでないとすべてを覚えようとするので、結果的
　に大切なことも含めて記憶に残る量が少なくなる。
● 書き手が使う言葉や書き手の立場に立って考えることで、何が大切かを
　判断することもできる。
● 繰り返し読むことでより大切な点が際立ってくる。

(*Mosaic of Thought*, pp220〜222を参照)

レッスン **1** ▶ 無人島で半年間暮らす

　誰も住んでいない南の島で半年間暮らすことを想定して、一緒に持っていき
たいものを各自に10個ずつ挙げてもらいます。次に、そのリストの中から「ぜ
ひ」持っていきたいものを五つ選び、さらに「これがないと困る」というもの
を三つ決めます。結果を共有しあって、類似点や相違点を確認すれば、何が大
切で何が大切でないかがかなり明らかになります。

> **バリエーション**
>
> 　グループになって、ブレーン・ストーミングで15〜20個挙げて
> もらったうえで、話し合いながら10個、5個と徐々に減らしてい
> くという方法もあります（*Nonfiction Reading Power*, p89を参
> 照）。

レッスン **2** ▶ 先生の財布

子ども達は、教師が持っている財布やバッグの中に何が入っているのかとい

うことについて、とても興味をもっています。そこで、自分のバッグか財布の中身を披露して（多くても、10個ぐらいに絞ったほうがいいでしょう）、教師にとって大切なものをグループで想像してもらってランク付けしてもらいます。そのあと、実際に教師がランク付けしたものと比較してみましょう。

バリエーション

「これからソフトボールをするので、グランドの駐車場に止めた車の中に財布やバッグを置いていかなければならない」という設定で、「何を持っていきますか？」というふうに尋ねてもいいでしょう。あるいは、休日の過ごし方をリストアップして、重要な順番に並べてもらうというのも考えられます。教師の実際の優先順位と比較してみれば面白いでしょう。もちろん、優先順位の結果よりも、それを話し合う過程が大切なのです（*Comprehension Connections*, pp78〜80を参照）。

レッスン 3 ▶ 何を知りたい？

地域の読書家を教室に招いて、話を聞くという設定をします。

さて、どんな質問をするかと言うと、まず考えられるすべての質問をみんなで挙げてみましょう。それらの中から、特に知りたいことや聞かれたらうれしいと思う質問を五つに選び出す作業をグループで行い、それぞれを比較してみます。何が大切で、何が大切でないかが見えてくるはずです。

単に質問を考えるだけで終わらせず、実際に読書家を招いて実施してください。よく本を読んでいる人は、地域の図書館に行って聞けば教えてくれるはずです。何と言っても、司書は毎日のように様々な本を読んでいる人と顔を合わせていますから。そして、読書家との実際のやり取りからも学べることは多いはずです（『テーマワーク』の95ページを参照）。

150 パート **2** 優れた読み手が使っている方法

バリエーション❶

　総合学習や生活科（あるいは、理科や社会など）で探究学習をする際に、自分達が知りたいことをできるだけたくさん挙げ、その中から「これはぜひ調べてみたい」というものに絞り込んでいく作業も同じプロセスです。その際、基準も考えてみるといいでしょう。例えば、①単純に自分が知りたいこと、②他人に発表することを前提に面白がってくれるテーマ、③自分達の発見が活かせるもの、などといった観点で実際に調べるテーマが絞り込まれていくでしょう。

バリエーション❷

　調べたあとに発表（プレゼンテーション[★1]）をするわけですが、質問づくりのプロセスは発表や報告をする際にも同じように使えます。というのは、知ってほしいことや紹介したいことをできるだけたくさんリストアップしたうえで、対象と時間、そして何よりもぜひ知ってほしいことなどを考えて、何が大切かを選択しなければならないからです。残念ながら、調べたことを全部紹介するだけの時間はありませんし、そんなことをしようものなら聞いている人には何も残らないことになります。

レッスン **4** ▶ 大切な点を選ぶ

　同じ絵本や大切と思える点が複数ある新聞記事を人数分用意して、子ども達に大切な点を三つ選んでもらいます。絵本の場合は付箋を貼り、記事の場合はコピーに印を付けるようにするといいでしょう。選んだら、グループないし全体で各自の「大切な点」を紹介しあいます。

　意見を統一することが目的ではなく、なぜ違いが生じたのかを話し合うこと

第10章　何が大切かを見極める　151

に価値があります。大切と思った理由やそれを裏付けるもの、そしてそれらに基づいて考えたことなどを出しあうことが大切です。それをすることで、自分だけでは見えないものが見えてきたり、あるいは自分の考えが確認できたり補強したりすることもできます（*Mosaic of Thought*, pp206〜211を参照）。

バリエーション

　短編小説を読んで、キーワードを考えたうえで話し合うこともできます。その時は、ロバート・シェパード他編の『超短編小説70』（文春文庫）などがおすすめです。小説ではありませんが、ポール・オースターの『ナショナル・ストーリー・プロジェクト』（新潮文庫）も使えます。

レッスン5 ▶ 書き手にとって大切なことは？

　上記のレッスンを通して、読み手によって大切な点が違うということが分かります。それが本当は読むということなのですが、テストという特殊なものはこのような考え方を許してくれません。テストで大切にされるのは「正解」だけです。なぜなら、それがないと問題として成立しないからです。

　テスト対策として考えれば、書き手（出題者）にとって大切な点を見いだせるようにすることは教師に求められている役割の一つです。そのためには、以下の二つのことを明確に分けて教える必要があります。

- あくまでも読み手としての自分が大切と思っていること。
- 書き手（出題者）が大切と思っていること。

　子ども達にまず前者を出してもらってから後者を考えてもらうと、ほとんど

★1★ダグ・マルーフ著『最高のプレゼンテーション』（PHP研究所、2003年）の、特に第3章を参照してください。

152 パート **2** 優れた読み手が使っている方法

の子どもが見事なぐらいに「正解」をあてることができます。そして、テストというものの本性（「正解あてっこゲーム」であること）に気が付くでしょう。

　こういう場合に教師が確認しておくべきことは、「主題は何か？」という質問に対しては、あくまでも書き手（出題者）にとって大切なことが聞かれているのであって、個々人にとって大切なことを質問していないということを伝えることです。「書いてしまうと、減点かバツになってしまうから気を付けるように」と言い添えるのもいいでしょう（*Strategies That Work*, pp169〜171を参照）。

レッスン **6** ▶ 書き手があえて書かない点を指摘する

　エッセイや社説、そして読者の声の欄などに掲載されている記事は、あるテーマに関して特定の立場に基づいてアピールするものが多いので、バランスのとれた内容になっていないことが多いです。それらを利用して、提案に対する推進派の意見や根拠、提案に対する反対派の意見や根拠、そしてその両方を踏まえた自分の意見を出してみるというエクササイズもできます。

　推進派の意見については、それなりに書かれている場合が多いですから、それらをリストアップしたうえで加えられるものがあるかどうかを考えます。次に、記事にはあまり書かれていない反対派の意見についてできるだけたくさん出します。これは、個人で考えてから共有しあってもいいし、最初からグループで出しあってもいいでしょう。

　双方の意見や根拠が出揃ったら、各自が自分なりの意見を考えて書き出し、互いに紹介しあいます。それぞれが、何を大切だと思ったかが浮き彫りになるはずです（*Strategies That Work*, pp169〜171を参照）。

レッスン **7** ▶ フィクションとノンフィクションの違い

　フィクションとノンフィクションの形式で書かれたたくさんの絵本を用意し

第10章　何が大切かを見極める　153

て、まず、それらの本がどちらに入るのかを表紙だけで分類します。その際、何を根拠に分類したのかを出してもらいます。

　次に、ペアか小グループになってフィクションとノンフィクションの相違点と共通点を出しあってもらって、最後にそれぞれの特徴（相違点）と、両方に共通する点を教師が模造紙に書き込む形でまとめて、しばらくの間展示しておきます。これをすることで、それぞれの文章のレイアウトや構造などが明らかになります（**図10－1**を参照）。

図10－1　フィクションとノンフィクションの相違点と共通点

はじめ、中、おわり
プロット、場面、登場人物
出来事、問題、解決
テーマ
最初から最後まで流し読み
イラストがあることも

目次、索引
多様な文字の大きさ
情報や事実や考えが満載
どんな順番に読んでもいい
写真、図・表、イラスト
たくさんの小見出し
キャプション

・タイトルがある
・学ぶことを助けてくれる
・面白い本がある

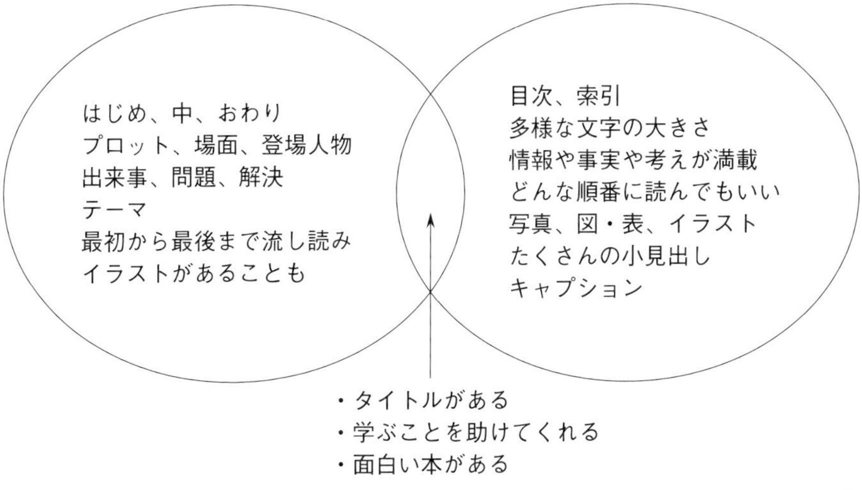

（出典：*Reading with Meaning*, Debbie Miller, p146）

レッスン **8** ▶ ノンフィクションの作品をさらに斬る

　子ども達が関心のもてる絵本以外のノンフィクションの本を用意して、ノンフィクションに特徴的な点をさらに明らかにしていきます。

　子ども達に知っておいてほしい特徴的な点を使っている本を選んで、その目的が何で、どのような名称が使われているのかを説明し、「ノンフィクション

154　パート **2**　優れた読み手が使っている方法

表10−1　ノンフィクションの特徴

ノンフィクションで使われているもの	目　　的
目次	・本の内容と扱われている中身について分かる。
索引	・本で使っているキーワードが何ページにあるか分かる。
字の大きさや字体	・大きさや字体で、その重要性が判断できる。
写真やイラスト	・それがどう見えのかを示してくれている。
キャプション	・写真やイラストに説明書きがあることで、さらに分かりやすくしてくれている。
図や表	・大切なものを比較したりすることで、分かりやすく提示してくれている。

（出典：*Reading with Meaning*, Debbie Miller, p149)

の特徴」（**表10−1**を参照）と書いた模造紙に毎日付け足していきます。

　しかし、説明しただけで使えるようになるわけではないので、それが使われているほかの本を探してもらうことで実際の使われ方を知ってもらいます。これを知ることで、どこに大切なこと（多くの場合、自分が求めている情報）が書かれているかを見つけやすくなるだけでなく、以後、自分達がノンフィクションの作品を書く時にも大いに役立つことになります。その意味でも、教える際には「読み」と「書き」を一緒に扱うことが効果的と言えます。

レッスン **9**　▶　読む目的は何か？　目的は読み方を左右する！

　「私達は、本や文字が書いてあるものを読む時に、必ずしもその理由や目的を明確にしてから読むことはしません。ほとんどの場合、ただ単に読みはじめるだけです。でも、読むからには、それなりの理由や目的があるはずです」といったように説明したうえで、どのような理由や目的をもって私達は本を読む

のかについて、まずブレーン・ストーミングで出しあってみましょう。

理由ないし目的を出しあったあとに、それぞれの読み方が必ずしも同じでないことを考えてもらいます。例えば、次のように言ってみましょう。

「私の場合、①夜寝る前に読む時と、②パソコンについてのマニュアル書を読む時と、③書く必要があるレポートのために情報を得る時の読み方には、大きな違いがあります。①は楽しく、リラックスでき、よく眠れたら言うことなしです。しかし、感動しすぎたり、泣いたり、疑似体験などで刺激を受けすぎると眠れなくなってしまいます。②は、ちゃんと使えるようにすることだけが目的です。③は、メモなどもとりながら、あとで活かさなければならないということを念頭に置いた読み方をします。③と比べれば、①と②はあとのことを考える必要がありません」

例えば、「学ぶため」、「生き方のヒントを得るため」、「好きな主人公と冒険をするため」、「やり方やつくり方の説明を理解するため」、「社会のことを理解するため」(他の目的については、「パート1」の第1章を参照)の目的で書かれている本や新聞や広告やマニュアルなどを集めて、実際にどのような読み方をするのかグループで出しあってもらったうえ共有しあいましょう。現時点で知られている読み方を**表10−2**にまとめました。

表10−2　目的に応じた読み方の種類(これまでの読書術で明らかにされている方法)

・下読み(点検読み)	・流し読み	・探し読み
・抽出読み(拾い読み)	・精読(熟読)	・比較読み(シントピカル読み)

レッスン10 ▶ 求めている情報はどこにあるのか?

みんなで「知りたいことカード」といったものを書いて箱の中に入れていきましょう。何でも不思議に思ったことや調べてみてみたいことなどを書いて1〜2週間集めたのち、その中から1枚を選んで、どうしたらそれについて知る

156　パート*2*　優れた読み手が使っている方法

ことができるのかを、以下のような点を押さえながら「考え聞かせ」をすることで教師が見本を示します。

- このことについてすでに知っていることは何か？　すでに持っている本や資料で分かることはないか？
- これについて調べるにあたってどんな本や資料があるか？
- その本や資料はどこで見つけることができるか？
- このことについて知っている（助けてくれる）人は誰か？

　見本を示したことで子ども達がイメージできたら、各ペアにカードを1枚ずつ配って、それぞれの質問についてどのように答えるかを話し合って書き出してもらいます。そして、最後に、何組かのペアに紹介してもらって、互いに質問やアイディアなどを出しあいます。

　もちろん、書いてあるもののなかで何が大切かを見極める力が重要になることは言うまでもありませんが、そのための資料が常に提供されるわけではありません。それゆえ、そもそも必要としている情報がどこにあるのかを自分で探せない限りは見極める力を発揮することができないことを認識したうえで、情報を見いだす力も同時につけることを忘れてはなりません。また、自分で見つけられない場合は、誰に尋ねれば助けてくれるのかを知っておくことも大切となります。

レッスン 11 ▶ 下読み

　ノンフィクションは、フィクションのように最初から最後まで通して読む必要はありません。自分が探している情報が得られるのかを見極めたうえで、それが得られる所だけを効率よく読むことができるのですが、それを可能にするのが下読み（点検読み）です。

　その際にできることは、「タイトル」、「目次——各章の内容の把握」、「まえがき」、「あとがき」、「索引」、「著者が書いているほかの本」などを見て、求め

ていた情報はあるか（ない場合は読まない判断をする）、どこをどの順番で読むか（あるいは読まないか）、精読の価値があるか、それとも流し読みでいいか、などを判断します。教師が関心をもっているテーマの本を使って、考え聞かせをしながら見本を示せばいいでしょう。

レッスン 12 ▶ 流し読み

　流し読みは、価値ある情報だけを取り出すような読み方のことです。読むというよりは「見る」といったほうがいいかもしれません。どこを見るかというと、「見出し」、「それぞれの項目の書き出しと書き終わり」、「図・表や写真」などです。

　この読み方なら次に紹介する「精読」の10～50倍のスピードで読めますし、基本的なところは押さえられるのでとても効果的です。これに適した本を用意して、ペアで同じ本を読んで、大切な点は何だったかを話し合ってみましょう。

レッスン 13 ▶ 精読①

　「精読する価値がある」と判断した本は、1行1行、キーワードや大切な文章などに印をつけながら、自分の考えや疑問などを余白に記入しながら熟読していくように子ども達に伝えましょう。

　精読（ないし熟読）するということは、読みながらテキスト（書き手）と対話したり、自分自身とも対話し、疑問や質問もできるだけたくさん挙げることと言い換えられ、この本で紹介しているすべての方法を駆使して読みこなすことを意味しています。

　よく蛍光ペンを使って線を引きながら読むことや、数色のカラーボールペンを使うことを推薦している人もいますが、ここで紹介するのはシャープペンシル1本だけを使ったシンプルな方法です。例えば、キーワードを○や□で囲ったり、大切と思われる文章には下線を引いたり（横組みの場合）する方法です。

もし、長い文章の場合は、横に縦線を引いたりし（重要度に応じて1本、2本、5本と使い分ける）、大切と思える所の余白に大きな☆印を描いたり、面白い情報や覚えておきたい情報には◎印を付けたりするといった感じです。読み進めるうちに疑問や質問が浮かんだり、自分なりの考えやアイディアが浮かべば余白に記入するのです。

ここでも、実際に教師が見本を示したあとで、子ども達に練習をしてもらい、互いに見せあったりすることで自分にとってベストな印の付け方を見つけ、テキストとの対話がやりやすい方法を見いだすためのサポートが必要になります。本に書き込むのが嫌で付箋に書いて貼っている人もいますが、書き込み方は自分なりにベストなものを探せばいいでしょう。

ここで重要なことは、印を付ける所は少なければ少ないほどいいということです。多い（多すぎる）ということは、結果的に何も印を付けていないことと同じになってしまいます。再読する際に手間がかかってしまうだけでなく、同じ所を読み直したり、せっかく書いた印やメモも使えなかったりします（*Strategies That Work*, pp157〜158を参照）。

レッスン 14 ▶ 精読② 〜 ノートの取り方

本当に価値があったと思う本や資料に関しては、印を付けた所を見ながらノートに書き起こすという作業をすると、その本のダイジェスト版を自分でつくることができます。その際、印を付けた所は黒字で書いていき、書きながら自分が考えたことは青字、すでに書き込んであった疑問や質問、そして新たに浮かんだ疑問や質問は赤字にしたりすることで、単なるダイジェスト版ではなく、さらに発展した内容のものにすることができます。

これも、教師が見本を見せたうえで子ども達に練習してもらい、相互に見せあったりして自分なりのベストの方法が見つけられるようにサポートすることが必要となります。なお、このノートをつくったり、それを繰り返し読み返したりする過程では、以下のようなメリットがあります。

第10章　何が大切かを見極める　159

- 自分が欲しがっていた情報・内容（狙い）を明らかにする。
- テキスト（書き手）の言わんとしていること（主張）や大切なポイントが明らかになる。
- ほかの本や資料のアイディアや情報と関連づけられる。
- 自分なりの意味をつくり出すことができる。
- 必要に応じて、原典に戻って確認できる。
- 繰り返し読み返すことで、新たな発見ができる。

　精読①の発展したものとしてここで紹介しましたが、内容的には、第6章の「解釈をする」に含むほうがよりふさわしいかもしれません。

レッスン 15 ▶ 小見出しを質問に切り替える

　ノンフィクションでは、質問となることを小見出しなどに掲げて、それに答える形で書かれているものが少なくありません。これは、伝えたいことを明確にしたうえで確実に分かってもらう編集上のテクニックなのですが、もし小見出しやタイトルが質問になっていなければ、読み手のほうが勝手に質問に変えてしまって、文章の中から答えを探すような読み方をすすめましょう。ちなみに、これは教科書にも使える手法です（*Nonfiction Reading Power*, pp93〜94を参照）。

レッスン 16 ▶ たくさんの事実から鍵となる質問を考え出す

　社会科や理科が「暗記科目」と言われる原因にもなっているぐらい、これらの教科書には「事実」が詰まっています。しかし、前述したように、自分に関連づけられない事実はいくら提示されても覚えられるものではありません。そこで、それらの事実から鍵となる質問を考え出し、それについての答えを見つけることで関連づけをし、たくさん書かれている事実も少しは意味があると感じることで覚えてしまおうというのがこの手法です。

160　パート **2**　優れた読み手が使っている方法

教科書だけではなく、伊藤遊の『鬼の橋』やコリアー＆コリアーの『サム兄さんは死んだ』などの、歴史小説などでも試してください。

レッスン 17 ▶ 面白い事実と重要な点

もう一つ、教科書がらみのレッスンを紹介しましょう。百科事典などと並んで読み物としては世界で一番面白くないものの代表と言えるのが教科書なので、少しでも楽しく読む方法を身に着けないと、暗記する対象であり続けてしまいます。その意味でも、これまでに扱ってきた「関連づける」、「質問をする」、「イメージを描く」、「推測する」といった方法は教科書にも十分使えると言えます。しかし、何といっても一番大切なのは、この章のテーマである「何が大切か見極める」ことだと思います。

用紙を縦半分に折って、左側には面白い事実（はっきりしないことなども含める）を、右側には大切と思われる点を書き出します。左側が、そのテーマに関して読み手が面白いと思えた事実なのに対して、右側はテーマを理解するうえにおいて欠かせない事実となります。それらは同じ時もあるでしょうが、違う場合のほうが多いと思われます。というのも、左側のなかには書き手が字数をかせぐために付け加えたような内容や、些細なことが結構含まれている可能性があるからです。

このレッスンは、自分が実際に書く側になった時にも効果的です。読み手に「これだけは伝えたい」というポイントが何かを明らかにしたうえ（右側）で、それを支持する事実や事例などをたくさん挙げ（左側）、優先順位の高いものを書いていけばいいのです。

レッスン 18 ▶ ブッククラブで何が大切かを話し合う

何が大切なのかは、同じ本を読んだ者同士が互いの反応をもちあって話し合うことで、各自がもっている意味や解釈を確認できたり、修正できたり、深め

第10章　何が大切かを見極める　161

ブッククラブで話し合う子ども達

たりできるので、ブッククラブ（ないしペア読書）がとても効果的です。その際、各自が「この本から学んだ三つのこと（一つでも二つでもよい）」に絞り込んで紹介しあうといいでしょう。この時にポイントとなるのは、その根拠を説得力のある形で言えることです。[2]

> **バリエーション**
>
> 　1冊の本に書かれている大切なことは決して一つではありません。思いつくだけ大切なことを挙げ、それらをランク付けをして大切度を紹介しあうという方法もあります。また、大切なことを三つとか五つに限定してランク付けしてもらってもいいでしょう。いずれにしても、この時のポイントは、ランク付けの根拠に説得力があるかどうかということです。
>
> 　ランク付けは各自がやり、それを紹介しあうことで理解や解釈の確認、修正、広がり、深まりなどが得られるのですが、それはブッククラブでの話し合いと変わりません。

★2★ブッククラブでの子ども達の実際のやり取りを見たい方は、記録をお送りしますのでpro.workshop@gmail.com に連絡ください。

162 パート **2** 優れた読み手が使っている方法

レッスン **19** ▶ ふりかえり

　何が大切かを見極めるのレッスンから学んだことを、読書ノートに書いて提出してもらいます。教師はそれを読んで、何がどれくらい身に着いているかを判断し、補足する必要があると思ったレッスンやそのバリエーションを、クラス全体を対象にして行ったり、必要のある子ども達を対象に行います。

「何が大切かを見極める」を教える時に使う言い回し

　ここで大切なことは、
　私が大切だと思ったことは、
　私が覚えておきたいことは、
　とても面白いと思ったことは、
　私がこの本から学んだことは、

第11章

解釈する

　「解釈する」とは、本や資料、あるいは映像媒体も含めて、読んだり見たりした情報を整理・統合して自分なりの意味をつくり出し、その活かし方までを考えることです。簡単に言えば、「いったい、自分にとっての意味は何なんだ？」の答えです。

　その意味では、解釈することは、推測するのと同じように日常生活のなかにおいて私達は小さい時からひんぱんに練習をしているのでその力はすでに身に着いているわけで、それを読むことに応用すればいいだけです。これまでに扱ったすべての方法と、この章で扱う「内容を要約する」こともあわせて、自分なりの視点を構築することが「解釈する」ということです。

　要約は書き手の考えを簡潔にまとめて述べることですが、解釈は、あくまでも読み手が考え思いついたことです。もちろん、書かれていることを無視するわけではありません。それをベースにしながら自分の考えを付け加えて、自分なりの意味をつくり出し（自分の考えや視点が変わったり、新たなものが付け加えられることも含めて）、具体的にそれをどのように活かして行動に移すかまで考えることもあります。自らに引きつけて考え、行動にまで駆り立てるインパクトがあるという意味では、本や資料を読むことの「最終ステージ」と言っても過言ではないでしょう。

　要約と解釈の違いをまとめると、**表11－1**（164ページ）のようになります。

　例えば、ピーター・レイノルズの『てん』を例にとると、要約は「教師のユーモアあふれる誘いに乗せられたワシテは、点を夢中で描き出し、展覧会で発表までしてしまう。最後は、自分と同じように描くことのできない子どもに教

164 パート **2** 優れた読み手が使っている方法

表11−1 「要約」と「解釈」の違い

要　　約	解　　釈
・書いてあることのみが対象。	・書いてあること＋読者の考え。
・大切と思われる点で構成される。	・大切な点、面白い点、発見など＋読者の考え。
・書いてあることの一部。	・書いてあることが拡張および発展したもの。
・付け加えられたものは皆無。	・読者の考えや意見が加えられたもの。
・書いてあることの簡約化された説明。	・書いてあることについての考え。
・要約内容は基本的に変わらない。	・解釈する人によって違ってくるし、読み直しで変わることもある。

（出典：*Nonfiction Reading Power*, p124を参考に著者作成）

師がしたのと同じことをやってしまう」となり、それに対して解釈は、この要約に「これは、子ども対象の絵本にしておくのはもったいない。教師を含めてリーダー的なポジションにいる人の必読の書。クラスの中や組織の中で、このようなエンパワーメントのサイクルをつくり出すことこそがリーダーの役割だ」という言説が追加されたものです。[1]

　以下に、解釈についてまとめておきます。

- 本を読む過程で、解釈が刻々と変わることを知っている（自分の解釈や理解に修正を加えている）。さらには、読む時期を変えれば解釈や反応が変わることも知っている。
- 本は、自分や世界に対する見方を変える力がある。
- 「この本の価値は何か？」、「この本が自分に与えてくれるものは何か？」、「この本によって自分が変わったことは何かあるか？」を常に考えている。
- 本は、心に感動を、思考に刺激を与えるものである。
- 自分にとって大切なものを選び出す力をもっている。
- 解釈とは、書いてあることと、自分がそれに持ち込むことすべてが統合されてつくり出されるものである。

第11章　解釈する　165

●自分の解釈や考えを表明することで、本について話し合ったり、推薦したり、さらには批判的に読むことができる。

(*Mosaic of Thought*, pp243〜244を参照)

レッスン ① ▶ 大切なメッセージを見つける

　何らかの明快な主張（メッセージ）をもっている絵本を選んで、読み聞かせをします。子ども達には、「読み終わったあとに、作者が発信しているメッセージ（大切な主張）が何かを言ってもらいます」と告げて読みはじめます。

　読み終わったあとに、以下のようなことをペアで話し合ったうえで、全体で共有しあいましょう。

●登場人物（ないし動物など）の中の、誰がどんな変化を起こしたのか？
●それによって、自分の考えで変わったことはあるか？
●何か自分がしたいと思ったことは考えたか？

　このレッスンで使える絵本には、ピーター・レイノルズの『てん』、ジャネット・ウィンターの『バスラの図書館員』、バーバラ・クーニーの『ルピナスさん』などが考えられます（*Reading Power*, p101を参照）。

レッスン ② ▶ 本の内容を紹介する

　すでに子ども達がよく知っている絵本を何冊か用意して、その1冊を使って要約の見本を考え聞かせを行って示します。

　この時、さらに分かりやすくするために（最初のうちは）書き出しながらやってもいいでしょう。書き出すのは、キーワードだけにするか、短すぎるぐらいに大切な点だけを押さえて、もっと聞きたいと思うぐらいの所までにします。それなら、子ども達も足りない点を探し出そうと熱心に聞くようになります。

★1★この事例について詳しく知りたい方は、著者（pro.workshop@gmail.com）に連絡ください。

そのあとは、ペアでそれぞれの本の要約を言いあい、聞いてよかったものをいくつか教師が全体に紹介します（*Reading with meaning*, p163を参照）。

レッスン 3 ▶ ノンフィクションの内容を要約する

フィクションの場合は、場面、登場人物、ストーリー（主な出来事や問題、その解決法など）について紹介すればいいわけですが、ノンフィクションでは「学んだこと」が中心になります。例えば、福音館書店の月刊誌〈たくさんのふしぎ〉の中から、教師も子ども達も興味がもてるテーマを選んで、可能ならOHPないしOHCを使って読み聞かせをしながら、自分が学んだ点（最も大切と思われる点）を○で囲んだり下線を引いたりします。

次に、それらを使って段落ごとに分かりやすい自分の言葉に置き換えます。1ページぐらい見本を示せたら、ペアになって練習してもらいましょう。教師は、良い例とそうでない例を探しながら巡回し、ある程度終わった段階で両方を示して、良い点と改善点を明らかにします。改善点のなかには、大切な点ではなく面白い点だったり、分かりにくい言い回しだったりした所が含まれます（*Nonfiction Reading Power*, pp96〜100を参照）。

レッスン 4 ▶ 紹介文を書く

自分が読んだ本の中から友だちにも読んでもらいたいおすすめの本として紹介文を書くことは、要約と解釈の練習になります。そのためには、よい見本を示すことからはじめましょう。

教師自身が書いてもいいですし、あるいはすでに書かれているたくさんの紹介文、推薦文、書評などを集めて、そのなかから子ども達のレベルにあったものを選んで紹介すると同時に、どういう要素が含まれているか、あるいはどのような書き方をすれば実際に読みたくなるかなどを一緒に考えてから書くのもいいでしょう（*Reading with Meaning*, p164を参照）。

第11章 解釈する 167

バリエーション

　紹介文より短く、本のエッセンス（最も大切な点）を伝える媒体として、本についている帯があります。自分のお気に入りをいくつか紹介したあとで、子ども達に好きな本の帯をつくってもらいましょう。短いので、こちらのほうが難しいかもしれません。[★2]

レッスン 5 ▶ 読み進みながら解釈が変わっていくのを楽しむ

　誰も読んだことのない本の表紙を見せて、内容がどんな本なのかについてペアになって話し合ってもらったうえで全体で共有し、出されたアイディアを板書します（解釈も含まれますが、推測のウエートのほうが大きいでしょう）。

　その後、適当な所で区切りながら読み聞かせをします。子ども達は、第6〜10章で学んだほかの方法も使いながら、読みながら考えたことを付箋かノートに書き出し、自分なりの解釈（意味）をつくり出してもらいます。

　区切りごとに、解釈した内容をペアで紹介しあったあとにクラス全体で共有しあい、最後まで出されたことを板書します。これによって、解釈がどんどん変わっていくことに気付くでしょう。ここで使える絵本には、クリス・ヴァン・オールスバーグやアンソニー・ブラウンなどの絵本があります（*Reading Power*, p102を参照）。

バリエーション①

　区切りごとに書き出すのではなく、読み聞かせを聞きながらメモをとるようにすれば、講義の時にノートをとる練習になります。しかし、単にノートをとるだけでは半分の価値しかありません。自分なりの解釈や意味をつくり出すことこそが大切であることも

★2 『ギヴァー』を読んだあとに、あるクラスが考えてくれた帯の例が　http://thegiverisreborn.blogspot.com/2010/02/blog-post_10.html で見られます。

強調しましょう。こちらの方法を使った場合は、読み終わったあとにブッククラブをしてじっくり話し合ってもよいでしょう。

バリエーション❷

　慣れてきたら、読み聞かせをする代わりに同じ本を自分達で最後まで読んでもらって、互いの解釈を紹介しあいましょう。

レッスン **6** ▶ ビフォー＆アフター

　ある本を読む前（ビフォー）に、その本が扱っているテーマについて知っていることをできるだけたくさん出してみます。まずは、それぞれがノートに書き出してから、みんなで出しあって板書するか模造紙に書き出しておきます。そのあとでその本を読み、新たに付け加えられることを先の個人リストに追加してもらったうえで発表してもらい、全体のリストにも加えます（アフター）。

　例えば、とてもパワフルな絵が描いてあるジュリアス・レスターの『あなたがもし奴隷だったら．．．』を使って「奴隷制」について考えることができます。この絵本を読むことを通して、奴隷制について知ることができるだけでなく、読むことによって得られる解釈についても考えることができます。

　同じことは、ゴミや水や温暖化などの環境問題、貧困問題や人権問題などを扱ったノンフィクションでも効果を発揮するでしょう。

　なお、このビフォー＆アフターの方法は、理科、社会科、算数・数学、家庭科、保健などの教科でも極めて効果的に学びを引き出すことができますので、ぜひ活用していただきたいです。例えば、「うんち」をテーマにビフォーをやり、身体の仕組みについて学習し、ニコラ・デイビスの『うんち～この謎に満ちたすばらしきもの』を読んでアフターをやってみるというのはいかがでしょうか。

　ほかにも、「チェロを弾く気難しいおじいさん」や「海で遊んだ思い出」を

第11章 解釈する　169

テーマにビフォーをやったうえで、ジェーン・カトラーの『Oじいさんのチェロ』やジェニー・ベイカーの『森と海が出会うところ』を読んだあとにアフターをやってみるという可能性もあります。

レッスン 7 ▶ 要約の練習をする

　読み聞かせをしたあとに、「私の要約／私の考えや反応」のシート（**表11-2**参照）を使って、まずは読んでいた時に考えたことを「私の考えや反応」に書き出してもらいましょう。その際、教師も一緒に書きましょう。書き終わったら、まずはペアで紹介しあい、そのあとに全体で何人かに紹介してもらってから教師の考えも紹介します。

　以下に、要約を書く時のポイントを三つ紹介します。

- 読んだなかから大切な点を選び出す。
- 短くする。
- 自分の言葉で書く。

表11-2　私の要約／私の考えや反応

○私の考えや反応

○本の大切な点（キーワード）

○私の要約

○みんなの要約

170　パート **2**　優れた読み手が使っている方法

　次に、ペアで本の大切な点（キーワード）を出しあってもらい、そのあとに全体で出しあったものを板書します。出し終わったら、それほど大切でないもの（具体的な数字や面白い事実など）は消し、一緒にできるものはまとめたあとで教師がリードしながらみんなで要約を書いていきます。

　要約は、一つの文章で書き切る必要はありません。つまり、二つか三つの文章でもいいのですが、より大切なことは、要約よりも自分の考えや反応のほうであることを伝え、しかしテストで求められるのは要約であるということを確認しておきましょう。さらに、テストでは要約が求められているのに、自分の考えや反応を書いてしまうと減点されたり、まちがいにされることもあると伝えましょう。

　これには、例えば、ジャクリーン・ブリッグス・マーティンの『雪の写真家ベントレー』、キャロン・オースティン・ハーストの『あたまにつまった石ころが』、ルイーズ・ボーデンの『海時計職人ジョン・ハリソン』、そしてジャネット・ウィンターの『私、ジョージア』、『バスラの図書館員』、『ニューヨークのタカ　ペールメール』などが使えます。

　一つを使って見本を示したあとは**表11-2**（169ページ）のシートを使って、ほかの絵本で子ども達に自分の考えを出してもらったうえで要約を書いてもらう練習をしましょう。

> ### バリエーション
> ---
> 　キーワードで絞り込んだあとに要約の文章をすぐに書きはじめるのではなく、それらの相互の関連を見えやすくするために、125ページで紹介したウェブ（蜘蛛の巣図、概念図）やマインド・マップを使って描く方法もあります。
> ---

第11章　解釈する　171

レッスン **8** ▶ **ふりかえり**

　解釈するレッスンから学んだことを、読書ノートに書いて提出してもらいます。教師はそれを読んで、何がどれくらい身に着いているかを判断し、補足する必要があると思ったレッスンやそのバリエーションをクラス全体で行ったり、必要のある子ども達だけを対象に行います。

> **「解釈する」を教える時に使う言い回し**
> 　これを読んで分かったことは、
> 　私の考えが変わったことは、
> 　前は……と思っていたけど、今は……と思います。
> 　私の新しい考えは、
> 　私は、……だと思いはじめています。

172　パート *2*　優れた読み手が使っている方法

第 *12* 章

他の効果的な方法

　これまで、「優れた読み手が使っている方法」の中で特に重要な六つの方法を各章において重点的に紹介してきました。本書を締めくくるにおいて、それ以外にも同じくらい役立つ方法が四つありますので、それらをまとめて本章で紹介していきます。

① 修正する

　私達（大人も子どもも）は、様々な理由で「読めていない」あるいは「しっかりと理解しながら読めていない」状況に陥ることがあります（「レッスン1」と「レッスン2」を参照）。小さい子どもの場合は、難しい言葉が理解できなかったりすることが理由になるかもしれませんが、多くの場合は、脳の考えるスピードのほうが目で字を追うスピードよりも早いことに原因があるようです。言い換えれば、「読むことに集中できない」という状況です。

　読むことに、楽しみや、価値や、目的を見いだせている子ども達の多くは、集中できる状況をつくり出し、また「（しっかりと理解しながら）読めていない」と思った時は、分からない所は無視して読み進む、疑問・質問を出す、推測する、予想する、自分がもっている知識や経験とつなげる、分からない言葉を調べる、誰かに尋ねる、止まってよく考える、イメージを描いてみる、文章の構造をつかむ、写真や図表から糸口を探す、「まえがき」や「あとがき」などで作者の意図を理解する、そもそも自分が読もうとしている目的を再確認す

る、何が分かっていて、何が分からないのかを言ってみる（書き出してみる）などの方法を使って（『7 Keys to Comprehension（理解のための七つの鍵）』163ページ）、うまく読みの流れに戻ることができます。

　それに対して、読むことに楽しみも、価値も、目的も見いだせない子ども達は、読むことが楽しくない、場合によっては苦痛なものと思っていますから、様々な言い訳をつくって避けることになります。

　そういう子ども達は、当然集中もできず、また読みを修正する方法を知らなかったり使いこなすことのできない状態にあります。その意味でも、まずは自分が面白いと思え、価値や目的をもてるものということで、何よりも「自分が選んだ本」や「自分にあった本」が大切となるのです（190～198ページを参照）。

　次の段階は、本書の中心的な位置づけになっている第6章～第11章で紹介した方法を使いこなせるようにすることです。これらは、読みをチェックし、修正する方法にとどまらず、読むことを楽しくするための方法でもあります。その意味では、それらの方法をしっかりと押さえられれば以下のレッスンは必要ないかもしれません。

レッスン 1 ▶ 読んでいるけど理解できない

　読みながら、ほかのことを考えた経験があるかどうかを聞いてみましょう。おそらく、全員が「はい」と答えると思います。それはどんな時に陥ったのかをペアで話し合ったうえで、全体で共有しながら板書していきます。クリス・トヴァニ[1]が『I Read it, But I Don't Get it（読めるけど、分からない）』（38ページ）の中で指摘している、以下の六つの状況などが挙げられるはずです。

❶内容との対話が止まり（理解している感じがせず）、単に文字を追っているだけとなる。

❷読んでいることについてイメージが描けない。

★1★Chris Tovani は、10年間小学校の教師をしたあとに、高校教師になった人で、33ページで紹介したキーンとズィマーマンの同僚でもあり、デンバーを中心に全米の教師を対象に研修を行っています。

174　パート**2**　優れた読み手が使っている方法

❸書いてあることとは関係のないことを考えている。

❹今しがた読んだことを覚えていない。

❺疑問や質問がわいてこないし、答えることもしていない。

❻新しい登場人物が急に出てきた。

レッスン**2**　▶　理解できるようにする方法

　「レッスン1」で「読んでいるけど理解できない」状況は明らかになりましたが、大切なのは、それを修正して理解できるようにすることです。それは、文章だけに当てはまるのではなく、難しい漢字などにも当てはまります。

　すぐに思いつくのは「読み直す」ことですが、それ以外にどんなものが考えられるか、あるいはすでにやっているかをペアでしばらく話し合ってもらいましょう。そのあとで、全体で共有しながら模造紙に理解を修正するための方法を書き出していきます。

　『*Strategies that Work*（効果的な読み方）』では、先に紹介した『*7 Keys to Comprehension*（理解のための七つの鍵）』の中で紹介されていた方法とは異なる対処法が提示されています（80ページ）。

・**疲れている時**	⟶	意味をつくり出すために読み直す。しばらく本を置く。
・**知識が足りない時**	⟶	いつもよりゆっくり、集中しながら読む。
・**のどが渇いている時**	⟶	水を飲んでから、戻ってきて読む。
・**ストレスがある時**	⟶	悩んでいることについて教師か友だちに相談する。
・**本が好きになれない時**	⟶	読むのをやめてほかの本を探す。
・**難しすぎる時**	⟶	まずは知っていることを探し、それを新しい情報と関連づける。
・**退屈な時**	⟶	ほかの本を探すか、それが面白いと思った人と話してみる。

第12章　他の効果的な方法　175

> **バリエーション**
>
> 　出しあったアイディアを模造紙に書いて教室の壁に貼り出して
> おくよりも、しおりかプリントにして、各自が持ち歩けるように
> したほうがいいかもしれません。そうすれば、家でも活用するこ
> とができます。

レッスン 3 ▶ 理解できない文章を読んでみる

　様々な理由を書き出しただけではなかなか使えるようにならないので、見本
を示す必要があります。普通の人にはなかなか理解できない本の一部（例えば、
大人を対象とした研修会で私が使ったのはマーク・ジョンソンの『心のなかの
身体』の「序文」）をコピーして、読んでもらいます。子ども達の場合は、新
聞や高学年の教科書などからレベルにあわせて探せばいいでしょう。

　理解しようとして、実際にどのような方法を使って努力したかを出してもら
い、それらを板書したうえで、実際に教師が「考え聞かせ」をする形で見本を
示します。これによって、第6章〜第11章で紹介した方法が、自分の理解度を
チェックし、修正する方法でもあることが分かります。まさに「読んでいる時
は思考が脳の中をかけめぐっている」ことが理解できます。

意味と合理性の理論に生じた危機

　想像力がなければ、そもそも何ものも意味をもちえないだろう。想像力
がなければ、われわれは自分たちの経験の意味をとることがまったくでき
ないだろう。想像力がなければ、現実の知識にたいして根拠を与えるころ
ができないだろう。本書はこれら3つの、議論の余地ある主張を綿密に論
じかつ擁護する。本書は、意味、理解、推理のすべての面で人間の想像力
が果たしている中心的役割を探求する。

　今日最も有力な意味と合理性の理論のどれをとっても、それが想像力を

真剣に扱っていないという事実にはまったく驚かされる。意味論の標準的な教科書や合理性にかんする最も影響力のある研究のどれをとっても、想像力が議論されている形跡は見出せないだろう。もちろん、これらの著作は想像力が発見、発明、そして創造において役割を演じている点を認めている。だが、合理性の構造に不可欠なものとしてみなして想像力を探求することは、まったく行なわれていないのだ。

　上記の引用文は、『心のなかの身体』（マーク・ジョンソン著、紀伊國屋書店）という本の「序文」の最初の部分です。私がこれを最初に読んだ時は、投げ出してしまいました。まったく理解できず、面白いとも思えず、しかも文章自体もいいと思えなかったので、翌日には図書館に返してしまったのです。

　しかし、理解できない文章の典型例として使えると思って、また図書館から借りてきて何回か繰り返し読み、そして「考え聞かせ」をするために考えたことを書き出していったら、かなり理解できるようになったのです。最初は悪文と思った文章も、普通の文章に見えてきたから不思議なものです[★2]。

　以下に、私が考え聞かせを行った時のものを見本として記しますので参考にしてください。カッコの中が、私が考えたことで、カッコの中を読んでいる時はそれが考え聞かせであることが分かるように、片手を上げて読みました。

意味と合理性の理論に生じた危機（このタイトル、まったく意味をなしません！）
　想像力がなければ、そもそも何ものも意味をもちえないだろう。（なんと大きな文章！　でもホントかな？　これがこの本の主題？）想像力がなければ、われわれは自分たちの経験の意味をとることがまったくできないだろう。（前出のコメントと同じ）想像力がなければ、現実の知識（この「現実」の知識が何を指すのかよくわからない）にたいして根拠を与えるころができないだろう。本書はこれら３つの、議論の余地ある主張を綿密に論じかつ擁護する。（やっぱり！　十分に「議論の余地」があると思いました。でも、「擁護する」ぐらいですから本当であり、正しいことなの

ですね？）本書は、意味、理解、推理（この３つが並列するのがよく分からない！　私は「理解すること＝意味をつくり出すこと」と捉えているので。また、推理よりも推測のほうがいいような気がする。単なる訳の問題？）のすべての面で人間の想像力が果たしている中心的役割を探求する。

　今日最も有力な意味と合理性の理論（そんな理論があったんだ！！）のどれをとっても、それが想像力を真剣に扱っていないという事実にはまったく驚かされる。意味論の標準的な教科書（教科書まであるんだ！　誰が勉強するのかな？）や合理性にかんする最も影響力のある研究のどれをとっても、想像力が議論されている形跡は見出せないだろう。（最初の２行で書いてあることに戻っている）もちろん、これらの著作は想像力が発見、発明、そして創造において役割を演じている点を認めている。だが、合理性の構造（どんな構造なのか、それこそ想像がつきません）に不可欠なものとしてみなして想像力を探求することは、まったく行なわれていないのだ。

　いかがだったでしょうか。たぶんみなさんも同じような疑問をもたれたことでしょう。しかし、繰り返し読むことで理解できたり、解釈が深まっていくのです。このことの重要性は、どんなに強調してもしすぎるということはありません。

　この極めて単純な方法を知らない（使わない）ことが、多くの人が読むことを嫌いになったり、読むことから遠ざかる原因になっているのです。実際、多くの職業人達は、分からない文章に出合った時には繰り返し読むことでそれを乗り越えています。

★２★繰り返し読むことのパワーと、「レッスン４」で紹介する「読んで、考えて、反応を書く」の効果を改めて認識した次第です。たとえ興味がもてないテーマでも、目的が鮮明になるとかなり理解は進みますから、教科書などにも応用できると思いました。

しっかりと理解して読めているかな？

レッスン **4** ▶ 読んで、考えて、反応を書く

　「レッスン3」で教師が示した見本を、ここでは子ども達がほかの教科の教科書などを使って実際に練習します。

　教師が「レッスン3」でしたことを、**OHP**か**OHC**で見せるのが効果的です。つまり、「レッスン3」では「考え聞かせ」で十分だったのですが、ここでは子ども達が自分でやれるようにするために、理科か社会の教科書などで扱っていない所を「読んで、考えて、反応を書く」というプロセスを何行かにわたって実際に示すようにします。それをしたあとで、それぞれがその続きをやり、その後、書いたことをペアで紹介しあってから話し合います。そして、区切りのいい所まで来たら、以下の三つについて書き出します。

- 読んだなかで新たに学び、覚えておいたほうがいいと思ったことは……。
- ほかの人と話し合うことで助けになったことは……。
- まだ抱えている疑問や質問は……。

　「読んで、考えて、反応を書く」は、教科書に限らずあらゆる文章の理解を

促進する効果的な方法なので、繰り返し練習することをおすすめします。また、このレッスンを通して、1人で読むよりも2人で読んだほうが助けあえていいということも分かります。また、これを練習する過程で、ストーリーや背景、そして登場人物（フィクションの場合）や細かい（面白い）事実などの内容よりも、自分が何を考え、何を感じたかこそが大事だということも分かると思います（*Strategies That Work*, pp81〜84を参照）。

 批判的に読む

　ここで言う「批判的な読み」は、これまでのように書いてあることを鵜呑みにするのではなく、いろいろな問いかけを行うことで自分なりの考えをつくり出して、場合によっては、それが新しい行動を生み出すことになる読みのことです。まちがっても、書いてあることを単に「批判する」ことではありません。

　「批判的な読み」のベースにあるのは、書き手と読み手は対等な関係にあり、自分なりの視点や考えを構築するために書き手の情報を活用するという姿勢です。もう一点付け加えると、人間は所詮自分の視点でしか書けない（読めないし、聞けないし、話せない）ということです。

　偏った見方は乗り越えられない表現の一要素なので、読み手側がバランスをとるしかないということです。では、どのようなことを問いかけるかというと、例えば以下のようなことです。

- 誰が書いたのか？（どんなバックグランドをもっている人か？）
- 書き手の意図は？（どういう主張をしたくて書いたのか？）
- 目的を達成するために、書き手はどんな方法を使っているか？（情報として含めたものと除外したものは何か？　ほかには、どんな視点や主張があり得るか？）
- 書き手の主張を信じる根拠は十分にあるのか？（何が事実で、何が単なる個人的な意見か？）[★3]

このような質問をすることで、異なる様々な視点や情報が存在することも見えてきますから、ほかの選択肢や方法や考えが多様にあることに気付け、それが結果的にはアクションにまで影響するわけです。その過程で、鵜呑みにしていては得られない力や自信も得られます。

これは、紙に書かれた文字媒体だけでなく、写真、図・表、ネット情報、音楽、映画、テレビやラジオのニュース、さらには日常会話に至るまで応用の効く「読み」方です。

レッスン ①　▶　互いの反応を共有しあう

一人では見えなかったことが見えてくる

第６章から第11章でも多用してきた方法ですが、読んだ（読み聞かせをした）あとにそれぞれの反応をペアや小グループで共有しあうことは、批判的な読みにおいても極めて効果的です。自分が考えたことが補強されたり、考えもしていなかったことがほかの人から提示されたりします。

レッスン ②　▶　一般的に受け入れられている見方を疑ってみる

例えば、レオ・レオニの『フレデリック』やマーカス・フィスターの『にじいろのさかな』やシェル・シルバースタインの『おおきな木』のように、一般的に受け入れられている定説的な解釈がある本の読み聞かせをし、反応を出しあったあとで以下のような疑問を投げかけてみます。

・『フレデリック』　～　でも、ほかの野ねずみ達が一生懸命に働いているのに、何もしないフレデリックは普通は許されると思う？

・『にじいろのさかな』 〜 友だちをつくるには、自分のもっているものをあげなくちゃダメなの？

・『おおきな木』 〜 無償の奉仕は確かに大切だけど、それでみんながハッピーになれるの？

(*Critical Literacy*, pp73〜76を参照)

レッスン 3 ▶ 批判的に読む際のポイント

例えば、クリス・ヴァン・オールスバーグの『いまいましい石』や『2ひきのいけないアリ』や『魔術師ガザージ氏の庭で』の読み聞かせをして、以下のような点についてグループで話し合ったあとに全体で共有します。

● 主な登場人物（もの）は何か？
● 誰の視点で表現されているのか？
● それは、どのような形で表されているのか？
● 逆に、誰（何）の視点は表現されていないのか？
● 作者は、読者にどんなことを読み取ってほしいのか？
● あなたは、作者の主張に賛同するか？　それとも違った解釈をするか？
● 学んだことや発見したことで、行動に移したいと思ったことは何か？

(*Critical Literacy*, p41を参照)

絵本以外では、ロイス・ローリーの『ギヴァー』や『ふたりの星』などが考えられます。語り手の視点が移動する小説も面白いです。例えば、芥川龍之介の『藪の中』や湊かなえの『告白』などがあります。

★3★「五つの考える視点（5 habits of mind）」という、ここの質問と似た問いかけを学校教育の柱に掲げて教育実践をした高校がニューヨークのハーレムにありました（過去形にしているのは、現在は定かではないからです。しかし、IVYリーグを含めてたくさんの大学に生徒達を送り込んでしまったということは確かです。それまでは、家族の中に高校を卒業した者がほとんどいなかった地域です）。いい問いかけは、極めてパワフルです。そこでの五つの質問は以下の通りでした。
①証拠はあるのか？　それが価値ある情報だとどうして言えるのか？、②誰の視点から発信された情報か？、③似たようなパターンを見たことはないか？　それが招く結果は何か？、④他の視点および可能性はないか？、⑤誰にとって意味があるのか？

レッスン **4** ▶ 作品に潜むステレオ・タイプをあぶり出す

『シンデレラ』、『白雪姫』、『竹取物語』、『ももたろう』、『浦島太郎』などは誰もが知っているお話でしょう。そのうちの一つを選んで、教師が読み聞かせをしたあとに、男女の役割を交換してストーリーをつくってもらいます。それを小グループで紹介しあったあとで、特徴的なものを三つほど全体で共有します。

男女が入れ替わるとストーリーのどんな点が変わるのか、逆に何も変わらないのかについて話し合いながら、分かりやすいようにしていきます。最後は、男女の役割を交換したストーリーづくりを通して考えたことや気付いたことを書き出してもらって、そのあと共有しあって終わります（『ワールド・スタディーズ』109ページを参照）。

レッスン **5** ▶ 同じテーマの本を読んで比較する

同じテーマを扱った本を比較することで、実は多様な視点があり得ることに気付いてもらうことも大切です。これに使える本としては、シンデレラの異なるバージョンとしてバベット・コールの『トンデレラ姫の物語』や『シンデレ王子の物語』、そしてフランセス・ミンターズの『シンダー・エリー、ガラスのスニーカーをはいた女の子』などがあり、『三びきの子ぶた』（瀬田貞三訳）にはジョン・シェスカの『三びきのコブタのほんとうの話』や、ユージーン・トリビザスの『３びきのかわいいオオカミ』、ロナルド・ダールの『へそまがり昔ばなし』、デイヴィッド・ウィーズナーの『３びきのぶたたち』などがあります。

これらの本を読み比べることで、私達が知っていた典型的なストーリーからは見えなかったものが見えてきます。例えば、子ブタとオオカミの話に興味をもった子ども達はオオカミのことについてもっと知ろうというプロジェクトをはじめ、オオカミもペットとして飼えることや犬よりも警戒心が強いこと（ロ

第12章 他の効果的な方法 **183**

ートハウゼンの『オオカミ　こわがりサムソンの冒険』）、日本にもオオカミが
いたことがあり、最後のオオカミは1905年に捕獲されたこと（小林清之介の『さ
いごの日本オオカミ』）、オオカミは群れで行動し、一匹で獲物を狙うことはな
いこと（ニュートン・ジュニア・ブックス『オオカミ』）などを知ることにな
ります（*Critical Literacy*, pp122〜124を参照）。

発　展

　オオカミとブタを入れ替えるところから、「オオカミ」と「ブ
タ」が象徴しているものは何か？　私達の社会の中でも同じよう
に、あるものがある事柄を象徴しているものにはどんなものがあ
るのか？　などまで考えられたらいいでしょう。

レッスン **6** ▶ 主人公はいつも「いい人」？

　「『ジャックと豆の木』のお話を知っている人？」と問いかけ、ジャックにつ
いて知っていることを出してもらって板書します。次に、「いい人（ヒーロー）」
と「悪者」と書いて、この物語のヒーローと悪者を言ってもらいます。そして、
それぞれの特徴についても話し合います。

　その後で、実際に読み聞かせをして（その際、ジャックが悪いことをしてい
ると思える箇所では、子ども達に考えてもらうために少し間をとるのがいいか
もしれません）、もう一度この物語のヒーローと悪者について話し合います。
きっと、読み聞かせの前とは違った話し合いになると思います。

　その後、ジャックについて（ということは、巨人についても）話が出切った
ら、ほかの登場人物についても話し合ってみます。

　学年によっては、「レッスン3」で紹介したような質問について考えたうえ
で、最後に「ジャックについて再発見したことや思ったこと」を書いてもらい
ましょう（*Critical Literacy*, pp96〜99を参照）。

184　パート *2*　優れた読み手が使っている方法

> **バリエーション**
>
> 　『だめよ！デイビッド』を使ってもできるかもしれません。あ
> るいは、外山滋比古さんの『読みの整理学』（ちくま文庫）で私
> が一番（唯一？）参考になった「ももたろう」（「あとがき」に記
> 載）を題材にしてもよいでしょう。そういえば、芥川龍之介も「桃
> 太郎」という短編を書いていました。

レッスン **7** ▶ 賛成できない記事もある

　あらかじめ、自分が賛成できない主張がされている記事を新聞や雑誌（ある
いはインターネット）などから集めておき、子ども達が読んだあとで、賛成す
る点と賛成できない点をその根拠とともに書き、小グループになって紹介しあ
ってから話し合いを行います。

　私達は、書かれていることに必ずしも賛成する必要はなく、対立する考えを
もつことも大切であること、そしてその際にはただ賛成・反対を主張するだけ
でなく、納得のいく根拠を提示することが重要であることも確認します。

レッスン **8** ▶ 買いたいと思わせる広告

　子ども達が欲しがるような品物を扱った新聞広告を集めて、どの商品が本当
に買いたいと思わせる広告かという観点からコンテストを行います。例えば、
10種類ぐらいの広告を貼り出して、それぞれが最もひかれたものには３個のラ
ベルを、次にひかれたものには２個のラベルを、そして最後のものには１個の
ラベルを貼るという形で「ベスト３」を選びます。単純に、ラベル数が最も多
いものが最もみんなに買いたいと思わせた広告ということになります[4]。

　次に、それらのなかから「トップ３」と「ワースト３」の広告を対象にして、
何が興味をひかせたのか、逆になぜ興味をひかないのかを、売ろうとしている

第12章　他の効果的な方法　185

中身ではなく広告の形式に注目して小グループで明らかにし、その結果を発表します。その結果をまとめることで効果的な広告に使われている特徴が明らかになれば、買わせることを目的にした広告について理解は高まることになります。

　この活動の狙いは、190ページ以降で扱う自分にあった本が選べるようになることと基本的には同じです。同様のことはテレビのコマーシャルでもできますし、実際にやる価値はあるでしょう。消費社会の担い手として、より良い購買能力（その重要な要素である文字や写真やイラストなどの複合体としての広告を読み解く力）を身に着けることは、読書における選書能力を磨くことと同じぐらい大切なことです（*Lessons in Comprehension*, pp141〜142を参照）。

レッスン **9** ▶ ネット時代にこそ必要とされる読む力

　ケータイを介した犯罪が日ごとに増加している現在、いつまでも読む力を教科書や本の中だけに限定しておくわけにはいきません。今や、小説ですらケータイで読む時代となりましたし、新聞や雑誌、そして希少な報告書なども含めて、あらゆる資料や情報がネット上で読めてしまうという時代になりました。そういう意味では、私達はすでに情報の氾濫している時代に生きていると言えます。

　そんな時代を反映してでしょうか、高校や大学などの授業でレポートを提出させようとすると、関連する情報をネットで検索し、面白そうだと思ったものを切り貼りして提出してしまうという傾向が強まっているようです（小・中学校での総合学習などで行っている調べ学習でも、同じことが起こっているのかもしれません）。

　こうした状況で大切なことは、「レッスン8」で扱った広告を読み解く力に匹敵する「価値ある情報を選択する力」です。そのなかでも核をなしていると

★4★実際には、広告自体が魅力的な結果買いたくなったのか、それとももともと買いたいと思っていたから、その広告に目がいったのかは判然としませんが、それは考慮しないものとします。

思われる「情報の信憑性を見抜く力」に、ここでは焦点を当ててみます。

　例えば、子どもの権利、ホームレス（対策）、携帯電話の学校への持ち込み、テレビを見る時間（と学力との関係）など、子ども達が関心のもてるテーマを設定して様々なサイト情報を集めて、自分だったらどの情報を選ぶかを決めるエクササイズを行います。その際、**表12-1**のような用紙を埋める形で行うのがいいでしょう。

表12-1　ネットからよい情報を得る

「内容」、「情報の信憑性」、「サイトの運営主体(目的)」、「サイトの見やすさ(デザイン)」という点を考慮しながら、テーマに関連したサイトを探したうえで、自分（達）がいいと思った情報を選んでください。まずは、個人でランク付けをし、その後でグループでのランクを出してください。

サイト（URL）　強み	弱み	個人ランク　グループのランク
1		
2		
3		
4		
5		
6		
7		

　対象によっては、サイト情報を比較する基準を自分達で出しあってからはじめてもいいでしょう。このレッスンで最低限押さえるべきことは、以下のような点です。

　　●すべてのサイトは、目的を達成するためにつくられていることを知って

おく必要がある。その目的が、検索する（情報を得ようとしている）側のニーズとあっているかどうかがポイント。

●ウェブサイトと本などの出版媒体との大きな違いは、誰もが簡単につくれてしまうこと。提供する側が何でも自由に流せるだけに、それを受け取る側に情報を評価したり、選択したり、批判的に読む能力がないと極めて危険な媒体となる。

●あるテーマについて書いている人がどれほど熟知しているのかを判断する。ある意味では、これがすべてと言ってもいいぐらいに大きなウェイトを占めている。そのため、何を基準にサイトの内容を評価するのかが大切となる。ほかの誰かに判断を任せるわけにはいかない。

●誰が書いているのか？　どんな経歴をもっている人か？（「誰」は、個人か法人か、企業か役所か（営利か非営利か）、学校や大学か？）

●どういう目的で書いているのか？　書いた個人や団体についての詳しい説明があるか？

●問い合わせができるか？

●どのくらいの頻度で更新されているか？　（内容へのこだわりが分かる）

●リンク先はどういうところか？（書き手の関連や情報源が分かる）

●出典などは明記されているか？（客観性を高める手段として）

●一つ二つだけのサイトを見て満足してしまうのではなく、20〜30種類の同じようなサイトを見て、それらのなかから自分が求めている情報を選び出すようにする。

レッスン10 ▶ 書いている人の背景や条件などを理解する

　長年にわたって高校の社会科の教師をしていた人が、旧ソ連邦の崩壊後、「私が過去30数年間子ども達に教えてきたことはいったい何だったのか！」と言ったことを私は今でもよく覚えています。35歳ぐらいから上の人は「ソホーズ」や「コルホーズ[★5]」を今でも覚えていらっしゃると思いますが、そんなことも時

代の流れとともに消えてなくなってしまった（少なくとも、薄い存在になってしまった）ことに対する嘆きのようでした。

　これなどは、明快に体制が変わったことなので、まだいいほうかもしれません。しかし、そうでもないことがたくさんあります。よく引き合いに出される事例が、大航海時代のアメリカ大陸やオーストラリアなどの「発見」です。そして、日本でよく取りざたされるのが、南京大虐殺や沖縄戦の記述など、第2次世界大戦中における日本軍の行動です。

　教科書に書かれていることと、それとは違う内容が書かれている記述を集めて、書く人がもっている視点や背景、そして置かれている条件などによって同じことであっても多様な解釈や書き方があるということを発見してもらいます。

　大切なことは、書かれていることを鵜呑みにしない、ということです。書かれたものは、常に特定の視点や背景をもった人によって、ある条件下において書かれているということを忘れてはなりません。鵜呑みにしないために必要なことは、やはり疑問や質問が発せられるかどうかということになるでしょう。また、同じテーマで書かれた別の本や情報にあたって確かめることも重要となります。

バリエーション

　少し古い映画ですが、黒沢明監督の『羅生門』を観せて、何を感じたか、もしくは発見したかを話し合うとよいでしょう。歴史や政治の世界では、この映画で描かれたことを「羅生門現象」と言って、人はたとえ同じ時間や空間を体験してもその捉え方は異なり、それぞれが違った解釈をしているということが当たり前となっています。しかし、残念ながら、それは教育現場には届いていません。あくまでも、一つの正しい解釈（正解）があるという前提で進み続けています。

第12章　他の効果的な方法　189

レッスン 11 ▶ 学校図書館の本棚にあるのは何か、ないのは何か？

　「本を含めて、理想の図書館に置いてあるもの」について小グループに分かれてブレーン・ストーミングをします。なお、本については思いつくだけの種類（ジャンル）も出すようにしましょう。

　終わったら、いくつかのグループに発表してもらいながら、クラスとしてのリストを OHP ないし OHC の用紙に書き出します。それを人数分コピーして、まずは自分が好きなものやよく読むものには☆印をつけ、次に学校図書館に行き、置いてあるもの（○）と、置いていないもの（×）を明らかにします。

　「置いてある」か「ない」かは、満足するだけの量があるかどうかで判断するのがいいかもしれません。というのも、ある種類の本が 2 ～ 3 冊置いてあるからといって、決して満足できるとは限らないからです。

　図書館にある本は、誰かが選択をして購入しています。本はただそこに置かれているわけではなく選択の結果であるということを考えると、自分達の読みたい本や置いて欲しい本を選択権のある人に知らせることは、とても大事なことです。最初につくった「理想の図書館に置いてあるもの」と現状を比較して、置いて欲しいものを購入してもらえるようにリクエストの手紙を書きましょう（*Lessons in Comprehension*, pp147～148を参照）。

発　展

　　地域にある図書館を訪ねて同じことができます。また、学校図書館や公立図書館の購入リストと貸し出し冊数の多いリストなどを見せてもらって、自分達の理想の図書館のリストとどれだけマッチングしているのかを検討することもできます。

★5★ソホーズとコルホーズは、単にそれらが「国営農場」と「集団農場」と言えることに価値があるのではなく、それらが生まれた背景や、体制や時代が違うところ（例えば、資本主義や封建社会）との比較をして、それらの強みと弱みを明らかにし、私達は何を望むのかといったことを考えることに価値があるのだと思いますが、そんなことがされることはほとんどないので、教科書を忠実にカバーする教師ほど本文のような叫びを上げざるを得なかったのだと思います。

③ 自分にあった本を選ぶ

　なぜ、本を選ぶ力が本を読む力のなかに含まれるのかと、首をかしげる読者もいるかもしれませんが、両者は切っても切れない関係にあります。当然のことながら、本を好きになるためには、自分にあった本（テーマもレベルも）にたくさん出合って読むことです。

　あわない本（レベルが難しすぎたり簡単すぎる場合）を読んでいると読むことが嫌いになるだけですから、できるだけ避けたほうがいいでしょう。自分にあった本こそ、これまで紹介した様々な方法も使い勝手があり、それらのよい練習相手になりますが、あわない本だとそれらの方法を使おうともしないでしょう。

　また、自分にあった本というのは、決して固定されたものではありません。テーマもジャンルもレベルも、すべて流動的なものです。だからこそ、本を選ぶという行為が難しいものと捉えられているのだと思います。難しいからと言って、選書について扱わないわけにはいきません。

　選書について、学校教育のなかで教わった経験をもつ人はどれだけいるでしょうか？　少なくとも、国語という教科でとっているアプローチは、「子ども達にはよい本を選ぶ能力がないので、教科書の中で提供する」という姿勢（思想？）だと思います[6]。それが少なくとも高校まで確実に続くわけですから、自分にあった本を選ぶ練習はさせてもらえません。

　ちなみに、夏休みにまで「課題図書」のリストが与えられて、そのなかから選んで読み、読書感想文を書かされ続けています。このアプローチも読書嫌いをつくり出す最たるものの一つですが、「良書を子ども達に読ませればいい」という思想のもとで実施している人達にはそういう意識がないようです。

　本好きの少数の人達は、自分にあった本を選ぶ力を自然に身に着けてしまうようですが、本好きでない多くの人達にとっては難しい状況が続いてしまい、マスコミや口コミに過度に影響されたり、本から遠ざかってしまうという事態

が起きてしまっています。

　しかし、自分にあった本を選ぶことは小学校の１年生からでもできるようになるのです。もちろん、テーマ、ジャンル、レベルも様々なものを扱いながらできます。というのも、本好きになり、かつ読む力をつけるためには、ジャンルやテーマなど多様な本を読む必要があるからです。

　もちろん、内容やレベルにおいても少し高めのものにチャレンジする必要がありますし、読んだこともないジャンルにも挑戦してみる必要があります。さらには、いつ、どんな時には、手にとった本を読まないという判断をしていいのかといったことについても知っておくことが大切です。この点については、読みはじめた本には「５ページのチャンスを提供する」というルールを提唱している人もいます。[7]

　俳句の世界では、「選句も俳句の力のうち」と言うそうです。句会においてどんな句を選ぶかで、その人の俳句の力量が推し量られるからです。まったく同じことは、選書と本を読む力量についても言えそうです。そして、面白いと思えた本や人に紹介したいと思える本が選べたという成功体験が、読むことを好きにし、かつ読む力をつけていく一番の方法のような気がします。

　自分で選んで読むからこそ、主体的に読めるというか「自分のもの」という意識（オーナーシップ）をもって読めます。真に読みたいという原動力が備わるので読む力もついていきます。それに対して、与えられた良書を含むほとんどの教材は「お付き合い」のレベルでしか興味もわきませんし、読む力もつきません。同じ時間を費やすのであれば、どちらを選択するべきかは明らかです。

....

★6★このアプローチの問題点は、単に選ぶ力をつけないということだけでなく、読むことが好きになり、かつ読む力がつくための必要条件である「読みたい本を、読みたいように読む」ということの妨げにもなっています。読みたいものはそれぞれ違いますし、読み方も一人ひとり違うのですが、あたかも全員が同じであると仮定して進むのが国語の授業なのです。これでは、読む力がつきにくいし、ましてや読むことが好きになることは困難です。多くの人（教師も含めて）は、このことを体験を通して分かっていますが、国語教育の中心にいる人達は、まだ疑問にも思っていないようです。

★7★中学・高校を対象にした『Reading for Understanding（理解するための読み方）』の著者であるルース・ショーエンバック（Ruth Schoenback）らによって提案されています。この本（64ページ）では10ページになっていますが、ここでは小学生を中心にハードルを少し低くして５ページに変更しました。

192　パート **2**　優れた読み手が使っている方法

レッスン **1** ▶ 簡単すぎる本、難しすぎる本、ちょうど自分にあった本

　本には、少なくとも３種類の本があることを理解することが目的です。たくさんの本を用意して（対象に応じて、かなりのレベルの広がりを考慮して取り揃えます）、簡単すぎると思うものには黄色のラベル、難しすぎると思うものには赤色のラベル、ちょうど自分にあっていると思うものには緑色のラベルを裏表紙に貼ってもらいます。

　自分がどの色のラベルを貼るかを決めるまでは、ほかの人達の判断に惑わされないように裏表紙は見ないように言いましょう。約10分の間にできるだけたくさんの本を手にとって、いずれかの色のラベルを貼ってもらいましょう。

　全員がラベルを貼り終えたら、ラベルの色の数に従って三つに分類すれば、それぞれの本の難度が一目瞭然となります。

　「自分達には、みんな簡単すぎる本、難しすぎる本、ちょうど自分にあった本の３種類があります。簡単すぎる本や難しすぎる本を読んでもあまり楽しくありませんし、読むことが好きにもなれません。ぜひ、自分にあった本を選んで読んでください」というようなことを手短に言って、レッスンを終了します。

レッスン **2** ▶ 自分にあった本を選ぶ方法①

　先ほど、ラベルを貼る時にどんなことをしたのか振り返って、自分にあった本の選び方を考えてみましょう。実際に行ったことなので、すぐにたくさん出てくると思います。例えば、以下のようなことが出てくると思います。

- 表紙（タイトルとイメージの写真やイラスト）をよく見る。
- 最初のページを読む。
- 最初の数ページを読む。
- スラスラ読めるかを判断する。
- 目次のあるものは目次を読む。
- 本の内容を確認する。

第12章　他の効果的な方法　193

- 厚さを検討する。
- 文字の大きさや文字の量を判断する。
- イラストや写真、図表などを見る。
- 宣伝文句や紹介文があれば読む。
- 書いた人について読む。
- 「まえがき」と「あとがき」を読む。
- 奥付を見て、重版をしているかどうかを見る。
- 最初から最後まで斜め読みをする。
- 「自分には理解できるか？」を問う。

　これらを、教師自身の方法も含めて書き出し、コピーをして子ども達の読書ノートにも貼っておくのもいいかもしれません。というのも、リストをつくったあとに貼り出すだけでは使いこなせないので、図書館や本屋に行った際にこれらの方法がすぐに使えるようにしておくのがいいでしょう（*Strategies that Work*, pp73〜74を参照）。

　幼稚園から低学年は、以下のようなことが中心になるかと思います。
- 文字の大きさ。
- イラストの魅力。
- １ページあたりの文の行数（文字数）。
- 書いてある文字が読めるか。
- 繰り返しの多い（予想が付きやすい）ストーリーか。

レッスン 3 ▶ 自分にあった本を選ぶ方法②

　本を手に取った時に行う方法は「レッスン２」で挙げた通りですが、そのほかにも優れた読み手が行っている効果的な方法がいろいろあります。まずは、子ども達に思いつくことを出してもらい、そのあとで付け足す形でリストを完

成させます。

- 友だちに推薦してもらう。
- 好きな作家から選ぶ。
- 好きなジャンルから選ぶ。
- 先生に推薦してもらう。
- 自分の目的、興味にあっているかを考える。
- シリーズものかどうかを見る。
- 映画化・ドラマ化されたかを確かめる。
- 書評を読む（ブログや新聞・テレビなど）。
- 書店の売り上げランキングを見る。
- ネット書店の売れ行き情報および書評を読む。
- よかった本の参考文献リストから選ぶ。

　もちろん、教師がこれらについての自らの体験談を話したほうが、単にリストをつくって飾っておくよりも価値があるということは言うまでもありません。その意味では、教師自身が「本の虫」であることが子ども達に本好きになってもらう（いい本を選んでもらうことも含めて）条件ということになるでしょう（*Lessons in Comprehension*, pp12〜13を参照）。

レッスン **4** ▶ 教師ができる選書のサポート

　「レッスン3」には「先生に推薦してもらう」ということが含まれていましたが、単に教師に尋ねて推薦してもらうだけでなく、教師が子ども達の選書を助ける方法はたくさんあります。なお、推薦する時も、お互いが対等の読み手として、もしくは「少し詳しく知っている先輩の読み手」として本を紹介することが好ましいと思います。

　あくまでも、実際に読むかどうかを決めるのは子ども達に委ねるというスタンスをとりたいものです。したがって、たとえ教師から推薦されたからといっ

て「読まなければいけない」ということのないようにすることが大切です。く
れぐれも、読書感想文が犯している過ちを繰り返さないでください。「自立し
た読み手」を育てる大切な要素として、「自分で読む本は自分で選ぶ」という
ことを忘れないでください。

　実際に、教師がすでに実践している子ども達の選書を助ける活動としては、
以下のようなものが挙げられると思います。

- 読み聞かせ。
- ブックトーク（数冊の本の簡単な紹介／宣伝）。
- 毎週決まった曜日に、３〜５人の子ども達に自分のおすすめの本を紹介
  してもらう。
- メモを渡す（特定の子どもにぜひすすめたいと思える本を見つけたので、
  それを紹介するためのメモ）。
- 子ども達に紹介（推薦）文を書いてもらう（読んだ本のなかで、ほかの
  子ども達に読んでもらいたいものがあった時に簡単な紹介文を書いても
  らう）。
- クラスの読書家達が選ぶ「ベスト10」（子ども達の投票によって人気の
  あった本）を選出する。

　　　　　　（以上のリストは、*Reading with Meaning*, p45を参考に著者作成）

　これら以外にも、個別に相談に乗ったり（カンファランスをしたり）、一緒
に探しに行ったりすることなどをすでに実践している人がいるかもしれません
が、[8] ここで紹介するのは「みんなで楽しく本選び」（*Yellow Brick Roads*, pp103
〜106）という方法です。

　まず、教師が子ども達に読んで欲しいと思う様々な本をクラスの人数分集め
ます。次に、本を回しながら評価をしていくことを伝え、具体的にどのように
して評価するのかを教師が「考え聞かせ」をしながら（「レッスン２」で使っ

───
★8★ほかの方法をされている方がいたら、<u>pro.workshop@gmail.com</u> 宛にぜひ連絡をください。

た方法など）見本を示します。

　子ども達がやり方を理解したら丸くなって座り、1冊について2分ずつで評価していきます。2分たったら、用紙に、本のタイトル、作者名（これら二つが書かれたプリントを使ってもよいでしょう）、評価（5段階）、そして簡単なコメントを記入して隣の人に本を回していきます。

　最後に、5分ぐらいの時間を確保しておいて、「読みたくなった本を見つけた人？」、「5冊以上見つけた人？」、「誰か友だちに推薦したい本を見つけた人？」、「みんなに読むことを推薦したい本を見つけた人？」などの質問をして、用紙は読書のファイルにしまうか読書ノートに貼ってもらいます。

　読んだ本の記録を付けることと同じレベルで、読みたい本のリストをつくり続けることも大切なことです。

レッスン5　▶　読んだ本の評価をつける

　「レッスン4」では選書（まだ実際には読んでいない）の段階で評価をつけたわけですが、読み終わってから本の評価をするということも本を選ぶ力をつけるのには大いに役立ちます。

　最初のうちは10段階ぐらいで評価をしてもらって、慣れてきたら5段階あるいは3段階にしてもいいでしょう。「ひと言」ないし「イラスト」が書ける欄なども設けておけば、印象的だったことなどが書けるので記憶に残りやすくなります。

　この記録を残すことで自分の読書傾向が分かるようにもなりますし、教師が本をすすめる際のヒントにもなり、さらには成長の記録としてもとっておくことができます。

どうだったこの本？

第12章　他の効果的な方法　197

レッスン 6 ▶ 推薦文や紹介文を書く

　自分が読んで感動した本をほかの人に紹介したくなるという経験は誰もがもっているはずです。それを実際に行う方法の一つとして、「推薦文や紹介文を書く」というのがあります。決まった用紙をつくっておいてもいいですし、何を書くか、誰に書くかは子ども達の自由にしてもいいでしょう。書く際の項目として考えられるのは、次のようなものです。

- ●誰に（どんな人に）おすすめか。
- ●特によかった点や面白かった点は……。
- ●この本を読んでよかったわけは（自分や社会にとって）……。

レッスン 7 ▶ さらに知りたくなったこと

　ある本について「すでに知っていたこと」と「知りたいこと」を読む前に書き出し、読み終わったあとは「新しく学んだこと」と「さらに知りたくなったこと」を書き出します。「さらに知りたくなったこと」のなかには、疑問や質問のほかに、関連する本のタイトルや作家の名前などを含めてもいいでしょう。

　表12-2（198ページ）は、「すでに知っていたこと」や「知りたいこと」の代わりに「一度読んで学んだこと」に置き換えた事例です。

レッスン 8 ▶ 自分の選んだ方法とこれからの計画を書く

　1学期に数回は面白かった本を選んで、自分がその本を読んだ方法と、その本を通してこれから読もうと思った本について考えたことを読書ノートに書くことも、選書の力をつけるのには大いに役立ちます。

　「レッスン5」〜「レッスン8」は、いずれも本を読んだあとに振り返ることで選書力がつけられる方法です。

表12−2　ロイス・ローリーの『ギヴァー』を読んだ私の場合

一度読んで学んだこと	さらに知りたくなったこと
・人間のあり方の本質――家族、職業、幸せ、生と死、社会、人間の歴史とは、未来とは、自分達のやるべきことはなど――について、広く深く繰り返し考えさせてくれる本。	・家族、職業、幸せ、生と死、社会、人間の歴史、未来などは、哲学のテーマなのでは？ ・『仏教「超」入門』（白取春彦著、すばる舎）と『14歳からの哲学』（池田晶子著、トランスビュー）を読む。（実際にこれらと『ギヴァー』を比較読みした結果、『ギヴァー』のブログでは４月８日以降、約１か月半哲学関連の書き込みが続きました。）

（http://thegiverisreborn.blogspot.com/2010/04/blog-post_09.html 参照）

 反応する

　読んだ本に反応するということは、各人の読みを進化させ、深め、広げ、発展させることです。換言すれば、一人ひとりの読み手がより良い読み手になるための手段であり、より良い意味をつくり出すための手段とも言えます。まちがっても、読んだ証拠を示させたり、正解が言えるかどうかを確認することではありません。

　もう一つ気を付けなければならないことは、それを行う頻度です。書くことを含めて反応することが読むことの妨げになってしまっては本末転倒ですから、注意する必要があります。

　反応を求める場合も、何にどう反応するかが一人ひとり違いますから、多様な方法から選べることが大切です。反応の方法を選択できることと関連して、子ども達の主体的な反応を実現するためにもルールや計画を自分達でつくることが望ましいでしょう。もちろん、それぞれの方法については、教師が実演し

たり、前年度の子ども達の作品を示したりすることでしっかりやれるようにします。

　個々人から出された反応は、クラス全体で共有しあうことによってそれぞれの子ども達の読みが一層深まったり広がったりします。教師に見てもらうことに価値があるのではなく、子ども達同士が学びあうことに価値があるということを忘れてはいけません。

　その際は、紹介する側のプレゼンの仕方や、それを聞いたり見たりする側の聞き方や見方も大切になります。これらについてもしっかりと身に着きますから、単に読むことにとどまらず、書くことや聞く・話すこと、そして見ることの領域での大きな成長が見られるでしょう。

　こうしたすべての記録は、反応フォルダーかポートフォリオをつくってすべて蓄積し、子ども達自身のふりかえりと改善に活用されるだけでなく、教師はカンファランスなどでサポートする際にも使うようにします。さらには、そのフォルダーないしポートフォリオ、あるいは子ども自身が選んだ抽出ポートフォリオを親や第三者が見ることで、その子どもの成長を確認することも可能となります（69ページの**表4－2**の下の部分を参照してください）。

　要するに、テストなどよりはるかに優れた「本物の評価」の一部として使えるわけです。これらの具体的な使い方については『テストだけでは測れない！』（NHK生活人新書）を参照ください。

　まずは、「読んだことについて話してみて」という感じで誘いかけるのがいいと思います。それで乗ってくれなかった時は、もう少し具体的に「一番よかった所は？」、「一番面白くなかった所は？」、「不思議（疑問）に思った所は？」、「何か発見したことは？」などでフォローするといいでしょう（*Literacy Techniques*, p33を参照）。

　話し合いの練習は、以下の流れで行うと効果的です。

　　❶記録をとる、内容を振り返る。

　　❷聞き方と話し方の練習。順番に話す。

200 パート2 優れた読み手が使っている方法

ペアでの共有は楽しいです！

❸ペアないし小グループの話し合いの見本を見せる。
❹実際にペアでの話し合い。
❺小グループでの話し合い。
❻クラス全体での話し合い。

(*Literacy Techniques*, pp33～34を参照)

　読んだことについての反応の仕方としては、以下のような方法が多様にあります。いろいろな方法を試す機会を提供したり、反応の仕方を選択できるようにすることが大事です。

- 隣の人との話し合い。[9]
- ブッククラブ。[10]
- ブック・プロジェクト[11]（作家やイラストレーター、主人公、テーマなどについて）。
- 読書ノート（読んだ本の記録や感想、読みたい本のリストづくりなど）。
- 読書ノートのふりかえり／分析（読み手としての自分を振り返る／分析する）。
- 交換ノート（読んだ感想などを友だち同士や教師や親と交換する）。
- ドラマにして演じてみる（スカルプチャー、ロールプレイなども）。

第12章　他の効果的な方法　201

- 絵やイラストに描く（ストーリーよりも自分にとっての意味を描く）。
- 図化する（マインドマップ、ベン図、荒筋の図化など）。
- 関連する本を読む。
- 作家／イラストレーターへの手紙（本当に送るために書く）。
- ジャンルを変えて書く。[12]
- 紹介文（推薦文）。対象を設定したうえでフィードバックももらう。
- 宣伝や広告づくり　　──→　　出版社か近くの書店で実際に使ってもらう。
- 表紙づくり、帯づくり　──→　　出版社に使ってもらえなくても、送る。
- クイズづくり　　　　──→　　出版社に送る。
- 印象に残った点のリストづくり。
- 面白かった点のリストづくり。
- 疑問・質問のリストづくり　──→　　著者に送る
- ひと言ないし一文で表す。
- 10のキーワードを挙げる。
- 続編を書く。
- つながり（自分、他の本、世界）を書く。
- フィクションの場合は、登場人物になりきった相手にインタビューする。

（*Strategies that Work*, pp53〜55と *Good Choice*, p156を参考に著者作成）

　上記のリスト以外にも、特に短時間で互いの反応を共有できる方法として、次のようなものがあります。

- 各自の推薦図書を順番に紹介する。
- 小グループか全体で、1分間の本の紹介を何人かにしてもらう。
- 30秒間の本の宣伝を何人かにしてもらう。

★9★話し合いの前段としてすることには、「パート2」の第6章〜第11章および本章の「批判的に読む」で扱った内容が使えるし、その中のいくつかに限定してもよい。
★10★ブッククラブについて詳しくは、『読書がさらに楽しくなるブッククラブ』を参照。
★11★ブック・プロジェクトについて詳しくは、『リーディング・ワークショップ』の第12章を参照。
★12★例えば、実際に読んだのがノンフィクションだったら、物語や詩に変えて表現してみること。

- 共有の時間で紹介（作家の時間の「作家の椅子」の代わりの「読書家の椅子」での紹介）。

ブッククラブでの共有はもっと楽しい！

このように、反応したり、それを共有しあう方法は多様にあります。年齢に関係なく、話し合うことと何かをつくり出すことは子ども達は大好きです。

反応は、口頭だけでなく、書いたり、描いたり、演じたりといった方法でも効果があります。特に、書いてもらう場合は、白紙に書いてもらうことで子ども達にイニシアティブを提供するのが望ましいでしょう。★13 また、手紙や感想を交換しあう交換ノートも効果的です。子ども達の立場からすれば、課題として決められたことをやらされるのと、自らが選んだ本を自分が選んだ方法で反応するのとでは大きな違いがあります。

参考までに、子ども達が特に嫌いな活動は、読書感想文、本の要約、異なる本の終わり方を書く、一人の登場人物からもう一人への手紙、新聞記事などを書かされることですから、注意をしてください。いずれも本物の読み手が存在せず、教師にやらされている課題でしかないからです。しかも、真の反応を求められているのではなく、読んだことを確認するというのが目的になっていることが子ども達にも伝わってしまうからでしょう。

反応を共有しあうことの効果を整理すると、以下のようになります。
- 読んで終わりよりも、読んだことについて話すことで理解が深まる、広がる、確認できる。新しい発見や学び（成長）がもたらされる。読んだことについて話し合うことで読む力が向上する。
- 話すことで自分が知っていることに気付ける。
- 話す人が一番学ぶ（しかし、生産的な話し方・話し合い方は身に着ける必要がある）。

第12章　他の効果的な方法　203

- 読んだ本について話せることで興奮できる。
- 子ども達は互いの反応について話し合うのが大好き。その際、教師は自分の反応を子ども達の反応と同じレベルのものとして位置づけることが大切。
- 自分の考えや視点を、修正したり改善することができる。それには、ほかの視点や考えが不可欠。
- 話し合いの準備として事前にノートをとることがグループの話し合いの時に役立つ体験を通して、ノートのとり方も上達していく。
- 共有しあうことによってほかの人の読み（ノート）からも学べる。
- 反応が違うからこそグループで学べる。子ども達それぞれが独自のメッセージ（意味）をつくり出す。
- 共有する相手をよく知っていたほうが、反応ややり取りを楽しめる。しかし一方で、様々なペアやグループで話し合うことにも価値があるのでバランスが大切！
- いつ自分だけで読み、いつペアやグループで共有しあうかを判断することも大切。
- 子ども達同士の学びあい、教えあい、助けあいを生み出す。「読み」のコミュニティーをつくり出す。それは、反応しあったり話し合うことをイベントとしてしまうと生まれない。一つの話し合いが次につながるように計画されている必要がある。
- 反応を聞くことは、その相手に対する理解を深めること。
- やり取りの仕方（フィードバックの仕方）をしっかりマスターしてもらう。その際、「大切な友だち」[14]はとても効果的。

....

★13★ワークシートやあらかじめ問いがあるものは、イニシアティブが教師にあります。その意味では、どの本に反応するのかという選択が重要であることは言うまでもありません。

★14★「大切な友だち」は、以下の流れで進めます。①よく聞く→②聞いていてよくわからなかった点をはっきりさせるための質問をする→③よかった点を指摘する→④違う！」と思った点を問いの形に換えて質問する→⑤全体を通して一番強調したいことを「ファンレター」ないし「ラブレター」として提示する（書くか言う）。

あとがき

　この本を書くための約５年間の準備期間と、実際に執筆している間、私自身はとても楽しい学びの時間がもてました。そのほとんどは、参考文献一覧の「パート１」と「パート２」で紹介している英語の文献（と絵本）を読むことに費やされました。こんなに面白い情報を私だけで楽しんでいては申し訳ないと思って執筆に踏み切ったわけですが、その面白さがどれだけ伝えられたかについては、正直なところ不安でもあります。

　まず、量的な問題です。実際に紹介できたのは、紹介したかった事例の３分の１ぐらいでした。質的な部分に関しては、日本の状況に合わせる形で書けているかどうかということです。より具体的に言えば、「これはやってみたい！」と思える事例（レッスン）がどれだけあるかです。

　あるいは、紹介されている事例に触発されて、皆さんがどれだけ応用を考えられるかです。書かれている通りにやるよりは、対象に応じて少しでもアレンジしてやるほうがはるかに効果が大きいことは言うまでもありません。

　もちろん、対象や置かれている状況は様々ですから、各章で紹介している全部の事例はやれないと思いますし、また実際にやってしまっては子ども達が困るかもしれません。

　「はじめに」でも書きましたように、この本の中心はあくまでも「パート２」

です。「パート1」の第5章と「パート2」を読んでいただければ、私の当初の目的は達成されます。しかし、日本の国語教育と読書教育（本来、分けること自体がおかしい！）を中心に学校教育全体に少しでも疑問を感じ、改善していきたいと思っている方には、「パート1」の第1章〜第4章も参考になると思います。

　本書は、これまでに刊行した2冊の続編的な位置づけにあります。
　1冊は、「パート1」（特に、第4章）において何回も登場している『リーディング・ワークショップ』（2010年、新評論）です。リーディング・ワークショップは、読み方を効果的に教えるための方法にとどまらず、授業（教え方・学び方）全体の捉え方までを変える枠組みを提供してくれています。
　『リーディング・ワークショップ』のなか（特に、第8章）には「優れた読み手が使っている方法」についての記述はあるのですが、具体的にどう教えたらいいかというところまでは書かれていません。ですから、当初から『リーディング・ワークショップ』を翻訳することと、本書を書くことはセットで考えていました。なお、『リーディング・ワークショップ』のように日本の読者にフィットする形で訳せる本があったらよかったのですが、「優れた読み手が使っている方法」に関しては「これだ！」と思える本が見いだせなかったことが自分で書いた理由です。
　もう1冊は、同じく2004年に新評論から訳出した『「考える力」はこうしてつける』です。この本を見つけた1996年以前から、「考える力」について、そしてそれを授業や研修等でどう扱ったらいいのかということについて興味を持ち続けています。
　本書で紹介している「優れた読み手が使っている方法」が、「はじめに」でも書いたように実は「考える方法」でもあるんだということに気付いたのはしばらく経ってからのことでした。そして、『「考える力」はこうしてつける』の続編としても最適な本ではないかと思うようになりました。
　このような他の本との関連において本書を読んでいただけると嬉しいです。

本書が世に出るまでには多くの方々の協力がありました。

まず、原稿の段階で、20人近くの小・中・高・大の先生方に目を通していただき、貴重なフィードバックをいただきました。

写真とアンケート（44〜45および63〜64ページ）は、ライティング・ワークショップの時から共に歩んできている岩瀬直樹さん（当時、埼玉県狭山市立堀兼小学校）とクラスのみんなが提供してくれました。日本でも十分に実践可能だということを写真とアンケートが証明しています。

そして2017年末、「『読み書き』はなぜ重要なのか」という小論を加えて、増補版として改めて発行をさせていただきました。その編集段階では、いつものことながら株式会社新評論の武市一幸さんに助けてもらいました。

皆さんに感謝するとともに、本書を手に取ってくれた方にも感謝します。

2017年11月11日

吉田新一郎

参考文献一覧

◆パート1

・ルーシー・カルキンズ／吉田新一郎・小坂敦子訳『リーディング・ワークショップ』新評論、2010年。
・ラルフ・フレッチャー＆ジョアン・ポータルピ／小坂敦子・吉田新一郎訳『ライティング・ワークショップ』新評論、2007年。
・プロジェクト・ワークショップ編『作家の時間』新評論、2008年。
・ジェイムズ・ボパット／玉山幸若・吉田新一郎訳『ペアレント・プロジェクト』新評論、2002年。
・ジム・トレリース／亀井よし子訳『読み聞かせ～この素晴らしい世界』高文研、1987年。
・サイモン・フィッシャー＆デイヴィッド・ヒックス『ワールド・スタディーズ』国際理解教育センター翻訳・発行、1991年。
・開発教育センター『テーマワーク』国際理解教育センター翻訳・発行、1994年。
・スーザン・ファウンテン『いっしょに学ぼう』国際理解教育センター翻訳・発行、1994年。
・ミルドレッド・マシェダー『いっしょにできるよ』国際理解教育センター翻訳・発行、1994年。
・サリー・バーンズ＆ジョージアン・ラモント『未来を学ぼう』国際理解教育センター翻訳・発行、1998年。
・クリスト・ノーデン－パワーズ／吉田新一郎・永堀宏美訳『エンパワーメントの鍵』実務教育出版、2000年。
・エドワード・デシ／桜井茂男監訳『人を伸ばす力』新曜社、1999年。
・藤本朝巳『絵本はいかに描かれるか』日本エディタースクール出版部、1999年。
・吉田新一郎『テストだけでは測れない！』NHK生活人新書、2006年。
・吉田新一郎『効果10倍の教える技術』PHP新書、2006年。
・吉田新一郎『いい学校の選び方』中公新書、2004年。
・Allen, Janet, *Yellow Brick Road: Shared and Guided Paths to Independent Reading 4-12*, Heinemann, 2000

208 参考文献一覧

- Cambourne, Brian, *The Whole Story*: *Natural Learning & the Acquisition of Literacy in the Classroom*: Scholastic, 1993
- Fox, Mem, *Reading Magic: Why Reading Aloud to Our Children Will Change Their Lives Forever*, 2nd Edition, Mariner Books, 2008
- Gallagher, Kelly, *Deeper Reading*, Stenhouse, 2004
- Keene, Ellin and Susan Zimmermann, *Mosaic of Thought, 2nd Edition*, Heinemann, 2007
- Probst, Robert, *Response & Analysis, 2nd Edition*, Heinemann, 2004
- Rosenblatt, Louise, *Literature as Exploration, 5th Edition*, The Modern Language Association of America, 1995
- Rosenblatt, Louise, *The Reader, The Text, The Poem: The Transactional Theory of the Literary Work,* Southern Illinois University Press, 1978

◆パート 2

- Allen, Janet, *It's Never Too Late: Leading Adolescents to Lifelong Literacy*, Heinemann, 1995
- Booth, David, *Literacy Techniques: For Building Successful Readers and Writers*, Stenhouse, 2004
- Cunningham, Andie and Ruth Shagoury, *Starting with Comprehension*, Stenhouse, 2005
- Donohue, Lisa, *Independent Reading Inside the Box*, Pembroke, 2008
- Gear, Adrienne, *Reading Power: Teaching Students to Think While They Read*, Pembroke, 2006
- Gear, Adrienne, *Nonfiction Reading Power: Teaching students to think while they read all kinds of information*, Pembroke, 2008
- Hansen, Jane, *When Writers Read*, Heinemann, 1987
- Harvey, Stephanie, and Anne Goudvis, *Strategies That Work, 2nd Edition*, Stenhouse, 2007
- Harwayne, Shelley, *Lifetime Guarantees: Toward Ambitious Literacy Teaching*, Heinemann, 2000
- Harwayne, Shelley, *Lasting Impressions: Weaving Literature into the Writing Workshop*, Heinemann, 1992
- Keene, Ellin, *To Understand: New Horizons in Reading Comprehension*, Heinemann, 2008

- McGregor, Tanny, *Comprehension Connections: Bridges to Strategic Reading*, Heinemann, 2007
- McLaughlin, Maureen and Glenn DeVoogd, *Critical Literacy*, Scholastic, 2008
- Miller, Debbie, *Reading with Meaning*, Stenhouse, 2002
- Serafini, Frank, *Lessons in Comprehension,* Heinemann, 2004
- Stead, Tony, *Reality Checks: Teaching Reading Comprehension with Nonfiction*, Stenhouse, 2005
- Tovani, Chris, *Do I Really Have to Teach Reading?* Stenhouse, 2004
- Tovani, Chris, *I Read it, But I Don't Get it*, Stenhouse, 2000
- Zimmermann, Susan and Chryse Hutchins, *7 Keys to Comprehension: How to help your kids read it and get it!* Three Rivers Press, 2003

第6章 「関連づける」に向いている絵本等のリスト

（作者別）
【トミー・デ・パオラの本】
- 福本友美子訳『絵かきさんになりたいな』光村教育図書、2005年
- 高木由貴子訳『上のおばあちゃん、下のおばあちゃん』絵本の家、1988年
- 高木由貴子訳『さあ歩こうよ、おじいちゃん』地方・小出版流通センター、1988年
- 小比賀優子訳『おおきなたまご』ほるぷ出版、1990年
- 『けものとかりゅうど』ほるぷ出版、1882年

【ケビン・ヘンクスの本】
- 金原瑞人訳『いつもいっしょ』あすなろ書房、1994年
- 斉藤美加訳『おてんばシーラ』金の星社、1990年

【アーノルド・ローベルの本】
- 三木卓訳『ふたりはともだち』文化出版局、1978年
- 三木卓訳『ふたりはいっしょ』文化出版局、1978年
- 三木卓訳『ふたりはきょうも』文化出版局、1980年
- 三木卓訳『ふたりはいつも』文化出版局、1985年

210　参考文献一覧

【パトリシア・ポラッコの本】
・福本友美子訳『チキン・サンデー』アスラン書房、1997年
・香咲弥須子訳『ありがとう、フォルカーせんせい』岩崎書店、2001年

【シンシア・ライラントの本】
・小沢冬雄訳『パパのオウム』新樹社、1993年

【ジュディス・ヴィオーストの本】
・アーノルド・ローベル（絵）／渡辺茂男訳『アントニーなんかやっつけちゃう』文化出版局、1990年
・エリック・ブレグバッド（絵）／中村妙子訳『ぼくはねこのバーニーがだいすきだった』偕成社、1998年
・入江真佐子訳『にちようのあさはすてき』ほるぷ出版、1989年
・ケイ・コラオ（絵）／いしいみつる訳『おばけなんかいないってさ』ぬぷん児童図書出版、1982年

【デイビッド・シャノンの本】
・小川仁央訳『だめよ、デイビッド！』評論社、2001年
・小川仁央訳『デイビッドがっこうへいく』評論社、2001年
・小川仁央訳『デイビッドがやっちゃった』評論社、2004年

【モーリス・センダックの本】
・じんぐうてるお訳『かいじゅうたちのいるところ』富山房、1975年

※他にも、ウィリアム・スタイグ、レオ・レオニ、アンソニー・ブラウン、クリス・ヴァン・オールズバーグなど

（テーマ別）
【友だち】
・ウィリアム・スタイグ／瀬田貞二訳『ねずみとくじら』評論社、1991年
・アーノルド・ローベルの「友だち」シリーズ
・武田美穂『となりのせきのますだくん』ポプラ社、1991年
・薫くみこ（作）、飯野和好（絵）『あのときすきになったよ』教育画劇、1998年

・内田麟太郎『ともだちや』シリーズ全8冊、続刊中、偕成社
・ひぐちともこ『あの子』解放出版社、2000年
・斉藤隆介（作）、滝平二郎（絵）『ユとムとヒ』岩崎書店、1986年

【家族（親子、兄弟、祖父母、ペット）】

・トミー・デ・パオラ／高木由貴子訳『さあ歩こうよ、おじいちゃん』地方・小出
　版流通センター、1988年
・ジョン・バーニンガム／谷川俊太郎訳『おじいちゃん』ほるぷ出版、1985年
・ベッテ・ウェステラ（作）、ハルメン・ファン・ストラーテン（絵）／野坂悦子訳
　『おじいちゃん　わすれないよ』金の星社、2002年
・ニコラ・ムーン（作）、アレックス・アイリフ（絵）／そのひかる訳『おじいちゃ
　んへのプレゼント』評論社、1996年
・ダグラス・ウッド（作）、P.J. リンチ（絵）／加藤則芳訳『おじいちゃんと森へ』
　平凡社、2004年
・アメリー・フリート（作）、ジャッキー・グライヒ（絵）／平野卿子訳『どこにい
　るの、おじいちゃん？』偕成社、1999年
・アリキ／代田昇訳『おじいちゃんといっしょに』佑学社、1981年
・キム・フォップス・オーカソン（作）、エヴァ・エリクソン（絵）／菱木晃子訳『お
　じいちゃんがおばけになったわけ』あすなろ書房、2005年
・天野祐吉（作）、沼田早苗（絵）『ぼくのおじいちゃんのかお』福音館書店、1992
　年
・松田素子（作）、石倉欣二（絵）『おばあちゃんがいるといいのにな』ポプラ社、
　1994年
・佐野洋子『だってだってのおばあさん』フレーベル館、2009年
・筒井頼子（作）、林明子（絵）『おでかけのまえに』福音館書店、1981年
・瀬田貞二（作）、林明子（絵）『きょうはなんのひ？』福音館書店、1979年
・佐野洋子『ねえ　とうさん』小学館、2001年
・梅田俊作・佳子（作・絵）『学校やすんでとうさんと』岩崎書店、1994年
・ベイリー・ホワイト／柴田裕之訳『ママは決心したよ！』白水社、1998年
・ベイリー・ホワイト／柴田裕之訳『続・ママは決心したよ！』白水社、2000年
・手島圭三郎『おおはくちょうのそら』リブリオ出版、2001年
・酒井駒子『ぼく　おかあさんのこと……』文溪堂、2000年
・あまんきみこ（作）、くろいけん（絵）『おかあさんの目』あかね書房、1988年

- 岩崎ちひろ『あかちゃんの　くるひ』至光社、1970年
- あきやまただし『たまごにいちゃん』シリーズ全7冊、鈴木出版
- みやにしたつや『まねしんぼう』岩崎書店、1999年
- 筒井　頼子（作）、林明子（絵）『いもうとのにゅういん』福音館書店、1987年
- 松成真理子『じいじのさくら山』白泉社、2005年
- 林明子『こんとあき』福音館書店、1989年
- ゆもとかずみ（作）、ほりかわりまこ（絵）『かめのヘンリー』福音館書店、2003年
- 片山　健『タンゲくん』福音館書店、1992年
- ボブ・グラハム／木坂涼訳『いぬがかいた〜い！』評論社、2006年
- マージョリー・ニューマン（作）、パトリック・ベンソン（絵）／久山太市訳『あいしているから』評論社、2003年
- ジュディス・ヴィオースト（作）、エリック・ブレグバッド（絵）／中村妙子訳『ぼくはねこのバーニーがだいすきだった』偕成社、1998年
- マッツ・ウォール（作）、トード・ニグレン（絵）／ふじもとともみ訳『おじいちゃんのライカ』評論社、2005年
- 菊田まりこ『いつでも会える』学習研究社、1998年

【気持ち】
- ハンス・ウィルヘルム／久山太市訳『ずーっとずっとだいすきだよ』評論社、1988年
- フローレンス・パリー・ヘイド（作）、ジュールス・フェイファー（絵）／イシグロケン訳『Scary－もしこんなことになっちゃったら』ブーマー、2005年
- バーナード・ウェバー／日野原重明訳『勇気』ユーリーグ、2003年
- 柴田愛子（作）、伊藤秀男（絵）『けんかのきもち』ポプラ社、2001年
- 武鹿悦子（作）、宮本忠夫（絵）『やまのリコーダー』偕成出版社、1997年
- 後藤竜二（作）、岡野　和（絵）『くさいろのマフラー』草土文化、1978年

【思い出】
- 黒柳徹子（作）、いわさき　ちひろ（絵）『窓際のトットちゃん』講談社、1981年
- ロバート・フルガム／池央耿訳『人生に必要な知恵はすべて幼稚園の砂場で学んだ』河出文庫、1996年
- 筒井頼子（作）、林　明子（絵）『はじめてのおつかい』福音館書店、1977年

【大切なもの】

・佐野洋子『わたしのぼうし』ポプラ社、1976年

・太田大八『だいちゃんとうみ』福音館書店、1992年

・阿部　肇『ゆうだち』ポプラ社、2006年

【学校】

・トミー・デ・パオラ／福本友美子訳『絵かきさんになりたいな』光村教育図書、2005年

・コリン・マクノートン（作）、きたむらさとし（絵）／柴田元幸訳『ふつうに学校にいくふつうの日』小峰書店、2005年

・マドンナ（作）、ローレン・ロング（絵）／村山　由佳訳『ピーボディ先生のりんご』集英社、2004年

・やしまたろう『からすたろう』偕成社、1979年

・福田岩緒『おならばんざい』ポプラ社、1984年

【自分自身】

・デイビッド・シャノン／小川仁央訳『だめよ、デイビッド！』評論社、2001年

・アンソニー・ブラウン／久山太市訳『こしぬけウィリー』評論社、2000年

・武田美穂『となりのせきのますだくん』シリーズ全5冊、ポプラ社

・つちだのぶこ『でこちゃん』PHP研究所、1999年

・いとうひろし『くもくん』ポプラ社、1998年

【成長】

・ジャネル・キャノン／今江祥智・遠藤育枝訳『へびのヴェルディくん』BL出版、1998年

【虫】

・今森光彦『やあ！出会えたね』シリーズ、アリス館

【自然】

・ウォルター・ウィック／林田康一訳『ひとしずくの水』あすなろ書房、1998年

・リン・チェリー／みらい　なな訳『川はよみがえる』童話屋、1996年

・スティーブ・ジェンキンズの作品

214　参考文献一覧

・ジェーン・ヨーレン／掛川恭子訳『みずうみにきえた村』ほるぷ出版、1996年

【世界】
・ジャネット・ウィンター／長田弘訳『バスラの図書館員』晶文社、2006年
・ロシェル・ストラウス（作）、マルゴ・トンプソン（絵）／的場容子訳『いのちの木』汐文社、2008年
・クリストフ・ガラーツ（作）、ロベルト・イーノセンティ（絵）／長田弘訳『白バラはどこに』みすず書房、2000年
・ジュリアス・レスター（作）、ロッド・ブラウン（絵）／片岡しのぶ訳『あなたがもし奴隷だったら……』あすなろ書房、1999年

【多くのテーマ】
・ロイス・ローリー／島津やよい訳『ギヴァー』新評論、2010年

第7章　「質問する」に向いている絵本等のリスト

・クリス・ヴァン・オールズバーグの絵本
・ウィリアム・スタイグの絵本
・アラン・セイの絵本
・ジョン・バーニンガムの絵本（特に、長田弘訳『いっしょにきしゃにのせてって！』［瑞雲舎、2006年］と、へんみまさなお訳『なみにきをつけて、シャーリー』［ほるぷ出版、2004年］はおすすめ）
・パトリシア・ポラッコ／千葉茂樹訳『彼の手は語りつぐ』あすなろ書房、2001年
・シンシア・ライラント（作）、ささめや　ゆき（絵）／中村妙子訳『バン・ゴッホ・カフェ』偕成社、1996年
・アンソニー・ブラウン／さくまゆみこ訳『かわっちゃうの？』評論社、2005年
・モーリス・センダック／じんぐうてるお訳『かいじゅうたちのいるところ』富山房、1975年
・ポール・フライシュマン（作）、ケビン・ホークス（絵）／千葉茂樹訳『ウェズレーの国』あすなろ書房、1999年
・リタ・マーシャル（作）、エティエンヌ・ドレセール（絵）／うみ　ひかる訳『本なんてだいきらい！』西村書店、2000年
・舟崎克彦（作）、杉浦範茂（絵）『かぜひきたまご』講談社、2001年

・マーガレット・W・ブラウン（文）、クレメント・ハード（絵）／岩田みみ訳『ぼくにげちゃうよ』ほるぷ出版、1976年
・バーバラ・バーガー／今江祥智訳『たそがれは　だれがつくるの』偕成社、1993年
・クレア・ニヴォラ／柳田邦男訳『あの森へ』評論社、2004年
・おおさわさとこ『宮野家のえほん　ももちゃんとおかあさん』アリス館、2007年
・イヴ・バンティング（作）、ロナルド・ハイムラー（絵）／はしもとひろみ訳『くろいかべ』新世研、1997年
・クリストフ・ガラーツ（作）、ロベルト・イーノセンティ（絵）『白バラはどこに』みすず書房、2000年

※他にも、ニコラ・デイビス、スティーブ・ジェンキンズ、今森光彦等のノンフィクションの絵本など。

【文字なし絵本】
・ガブリエル・バンサン『アンジュール』ブックローン出版、1986年
・ガブリエル・バンサン『たまご』ブックローン出版、1986年
・バーバラ・レーマン『レッド・ブック』評論社、2008年
・エリック・ローマン『タイムフライズ』ブックローン出版、1994年
・デイヴィッド・ウィーズナーのほとんどの作品
・Paul Fleischman and Kevin Hawkes『Sidewalk Circus〈歩道のサーカス〉』Candlewick、2007年

第8章　「イメージを描く」に向いている絵本等のリスト

・アレクサンドラ・デイ『カール　デパートへ行く』すえもりブックス、1994年
・マーガレット・ワイズ・ブラウン（作）、ガース・ウィリアムズ（絵）／ひがしはるみ訳『キャプテン、うみへいく』徳間書店、2003年
・ジェイン・ヨーレン（文）、ジョン・ショーエンヘール（絵）／工藤直子訳『月夜のみみずく』偕成社、1989年
・ジーニー・ベイカー／百々佑利子訳『森と海のであうところ』佑学社、1988年
・ジーニー・ベイカー／さくまゆみこ訳『ひみつのもり』光村教育図書、2006年
・デイヴィッド・ウィーズナー／江國香織訳『1999年6月29日』ブックローン出版、1993年

216　参考文献一覧

- セーラ・トムソン（作）、ロブ・ゴンサルヴェス（絵）／金原瑞人訳『終わらない夜』ほるぷ出版、2005年
- セーラ・トムソン（作）、ロブ・ゴンサルヴェス（絵）／金原瑞人訳『真昼の夢』ほるぷ出版、2006年
- ジョン・バーニンガム／へんみまさなお訳『なみにきをつけて、シャーリー』ほるぷ出版、2004年
- ジョン・バーニンガム／谷川俊太郎訳『おじいちゃん』ほるぷ出版、1985年
- 長谷川摂子（作）、降矢奈々（絵）『きょだいな　きょだいな』福音館書店、1994年
- 立松和平（作）、伊勢英子（絵）『山のいのち』ポプラ社、1990年

【絵本以外】
- 三好達治の「雪」（詩）
- ポール・フライシュマン／片岡しのぶ訳『マインズ・アイ』あすなろ書房、2001年
- ロイス・ローリー／島津やよい訳『ギヴァー』新評論、2010年
- レスリー・クリステン／吉田新一郎訳『ドラマスキル』新評論、2003年、59〜60ページ
- スーザン・ファウンテン『いっしょに学ぼう』国際理解教育センター翻訳・発行、1994年、31ページ
- 開発教育センター『テーマワーク』国際理解教育センター翻訳・発行、1994年

第9章　「推測する」に向いている絵本等のリスト

【文字なし絵本】
- デイヴィッド・ウィーズナーの絵本
- イシュトバン・バンニャイの絵本
- ガブリエル・バンサン『アンジュール』ブックローン出版、1986年
- ガブリエル・バンサン『たまご』ブックローン出版、1986年
- ジェズ・オールバラ『ぎゅっ』徳間書店、2000年
- ニコライ・ポポフ『なぜ　あらそうの？』BL出版、2000年
- アレクサンドラ・デイ『カール　デパートへ行く』すえもりブックス、1994年
- Giora Carmi『A Circle of Friends〈友だちの輪〉』Star Bright Books、2006年

- Paul Fleischman and Kevin Hawkes『Sidewalk Circus〈歩道のサーカス〉』Candlewick、2007年
- バーバラ・レーマン『レッド・ブック』評論社、2008年
- バーバラ・レーマン『ミュージアム・トリップ』評論社、2008年

【普通の絵本およびその他】
- クリス・ヴァン・オールズバーグの絵本
- アンソニー・ブラウンの絵本
- ジョン・バーニンガムの絵本
- ジェイムズ・マーシャルの絵本
- ピーター・レイノルズ／谷川俊太郎訳『てん』あすなろ書房、2004年
- エド・ヤング／藤本朝巳訳『七ひきのねずみ』古今社、1999年
- マーガレット・ワイルド（作）、ロン・ブルックス（絵）、寺岡襄訳『キツネ』BL出版、2001年
- レオ・レオニ／谷川俊太郎訳『ひとあし　ひとあし』好学社、1975年
- クリス・ラシュカ／泉山真奈美訳『やあ、ともだち』偕成社、1995年
- クリス・ラシュカ／泉山真奈美訳『やあ、もしもし』偕成社、2001年
- ニコラ・デイビス（作）、ゲイリー・ブライズ（絵）／松田素子訳『北極熊ナヌーク』BL出版、2008年
- デニス・ハシュレイ（作）、ジム・ラマルシェ（絵）／今江祥智訳『わたしのくまさんに』BL出版、2004年
- ポール・フライシュマン（作）、ケビン・ホークス（絵）／千葉茂樹訳『ウェズレーの国』あすなろ書房、1999年
- セーラ・トムソン（作）、ロブ　ゴンサルヴェス（絵）／金原瑞人訳『終わらない夜』ほるぷ出版、2005年
- イザベラ・ハトコフ他（作）、ヒーター・グレステ（写真）『オウエンとムゼイ』日本放送出版協会、2006年
- 木村裕一（作）、あべ弘士（絵）『あらしのよるに』講談社、1994年
- あまんきみこ（作）、酒井駒子（絵）『きつねのかみさま』ポプラ社、2003年
- 内田麟太郎（作）、いせひでこ（絵）『はくちょう』講談社、2003年
- ロイス・ローリー／島津やよい訳『ギヴァー』新評論、2010年
- 開発教育センター『テーマワーク』国際理解教育センター翻訳・発行、1994年

218　参考文献一覧

第10章　「何が大切かを見極める」に向いている絵本等のリスト

・ニコラ・デイビス（作）、ニール・レイトン（絵）／唐沢則幸訳『うんち　〜　この謎に満ちたすばらしきもの』フレーベル館、2004年
・ロイス・ローリー／島津やよい訳『ギヴァー』新評論、2010年
・伊藤遊（作）、太田大八（絵）『鬼の橋』福音館書店、1998年
・ジェームズ・リンカン・コリアー＆C.コリアー／青木信義訳『サム兄さんは死んだ』ぬぷん児童図書出版、1978年
・ロバート・シャパード＆ジェームズ・トーマス編／村上春樹・小川高義訳『超短編小説70』文春文庫、1994年
・ポール・オースター／柴田元幸訳『ナショナル・ストーリー・プロジェクト』新潮文庫、2005年
・開発教育センター『テーマワーク』国際理解教育センター翻訳・発行、1994年
・ダグ・マルーフ／吉田新一郎訳『最高のプレゼンテーション』PHP研究所、2003年

第11章　「解釈する」に向いている絵本等のリスト

・クリス・ヴァン・オールズバーグの絵本
・アンソニー・ブラウンの絵本
・レオ・レオニの絵本
・シェル・シルヴァスタインの絵本
・ジャネット・ウィンターの絵本
・バード・ベイラーの絵本
・ジョン・ミュースの絵本
・ピーター・レイノルズ／谷川俊太郎訳『てん』あすなろ書房、2004年
・ピーター・レイノルズ／なかがわちひろ訳『っぽい』主婦の友社、2009年
・バーバラ・クーニー／掛川恭子訳『ルピナスさん』ほるぷ出版、1987年
・ドナルド・ホール（作）、バーバラ・クーニー（絵）／もき　かずこ訳『にぐるまひいて』ほるぷ出版、1980年
・メラニー・ワッツ／福本友美子訳『こわがりやのクリスだっしゅつだいさくせん』ブロンズ新社、2008年
・パトリック・マクドネル／谷川俊太郎訳『おくりものはなんにもない』あすなろ

書房、2005年

・マドンナ（作）、ローレン・ロング（絵）／村山由佳訳『ピーボディ先生のりんご』集英社、2004年

・ジョン・バーニンガム／長田弘訳『いっしょにきしゃにのせてって！』瑞雲舎、2006年

・ジェーン・カトラー（作）、グレッグ・コーチ（絵）／タケカワユキヒデ訳『Oじいさんのチェロ』あかね書房、2001年

・ジュリアス・レスター（作）、ロッド・ブラウン（絵）『あなたがもし奴隷だったら……』あすなろ書房、1999年

・ケイト・ディカミロ（作）、バグラム・イバトゥーリーン（絵）／もりやまみやこ訳『ゆきのまちかど』ポプラ社、2008年

・シャーリーン・コスタンゾ／黒井健訳『12の贈り物』ポプラ社、2003年

・ポール・フライシュマン（作）、ケビン・ホークス（絵）／千葉茂樹訳『ウェズレーの国』あすなろ書房、1999年

・デニース・フレミング／木原悦子訳『むかし森があったころ』小学館、2005年

・ジーニー・ベイカー／百々佑利子訳『森と海のであうところ』佑学社、1988年

・ジャクリーン・ブリッグズ・マーティン（作）、メアリー・アゼアリアン（絵）／千葉茂樹訳『雪の写真家　ベントレー』BL出版、2000年

・キャロン・オースティン・ハースト（作）、ジェイムズ・スティーブンソン（絵）／千葉茂樹訳『あたまにつまった石ころが』光村教育図書、2002年

・ルイーズ・ボーデン（作）、エリック・ブレグバッド（絵）／片岡しのぶ訳『海時計職人ジョン・ハリソン』あすなろ書房、2005年

・土家由岐雄（作）、武部本一郎（絵）『かわいそうなぞう』金の星社、1970年

・斉藤隆介（作）、滝平二郎（絵）『半日村』岩崎書店、1980年

・佐野洋子『おじさんのかさ』講談社、2003年

【ノンフィクションの絵本】

・ニコラ・デイビスの絵本

・スティーブ・ジェンキンズの絵本

・リン・チェリーの絵本

・ロシャル・ストラウスの絵本

・デヴィッド・スミス（文）、シェラ・アームストロング（絵）／的場容子訳『この地球にくらす』汐文社、2008年

220　参考文献一覧

・フレッド・ピアース（作）、イアン・ウイントン（絵）／ガイア JLI 訳『ビッグ・グリーン・ブック』ほんの木、1994年
・月刊誌『たくさんのふしぎ』福音館書店

第12章で紹介されている絵本等のリスト

・レオ・レオニ／谷川俊太郎訳『フレデリック』好学社、1969年
・マーカス・フィスター／谷川俊太郎訳『にじいろのさかな』講談社、1995年
・シェル・シルヴァスタイン／村上春樹訳『おおきな木』あすなろ書房、2010年
・クリス・ヴァン・オールズバーグ／村上春樹訳『いまいましい石』河出書房新社、2003年
・クリス・ヴァン・オールズバーグ／村上春樹訳『2ひきのいけないアリ』あすなろ書房、2004年
・クリス・ヴァン・オールズバーグ／村上春樹訳『魔術師アブドゥル・ガサツィの庭園』あすなろ書房、2005年
・ロイス・ローリー／島津やよい訳『ギヴァー』新評論、2010年
・ロイス・ローリー／掛川恭子・卜部千恵子訳『ふたりの星』講談社、1992年
・芥川龍之介『藪の中』講談社文庫、2009年
・湊かなえ『告白』双葉社、2008年
・『シンデレラ』『白雪姫』『竹取物語』『ももたろう』『浦島太郎』『ジャックと豆の木』
・筒井頼子（作）、林明子（絵）『はじめてのおつかい』福音館書店、1977年
・モーリス・センダック／じんぐうてるお訳『かいじゅうたちのいるところ』富山房、1975年
・バベット・コール／上野千鶴子訳『トンデレラ姫の物語』ウイメンズブックストア松香堂、1995年
・バベット・コール／上野千鶴子訳『シンデレ王子の物語』ウイメンズブックストア松香堂、1995年
・フランセス・ミンターズ（作）、G. ブライアン・カラス（絵）／早川麻百合訳『シンダー・エリー、ガラスのスニーカーをはいた女の子』ほるぷ出版、1996年
・山田三郎（絵）、瀬田貞三訳『三びきの子ぶた』福音館書店、1967年
・ジョン・シェスカ（作）、レイン・スミス（絵）／いくしまさちこ訳『三びきのコブタのほんとうの話』岩波書店、1991年

- ユージーン・トリビザス（作）、ヘレン・オクセンバリー（絵）／こだまともこ訳『3びきのかわいいオオカミ』冨山房、1994年
- ロナルド・ダール（作）、クェンティン・ブレイク（絵）／灰島かり訳『へそまがり昔ばなし』評論社、2006年
- デイヴィッド・ウィーズナー／江國香織訳『3びきのぶたたち』BL出版、2002年
- B.ロートハウゼン『オオカミ　こわがりサムソンの冒険』平凡社、1985年
- 小林清之介『さいごの日本オオカミ』小峰書店、1970年
- ニュートン・ジュニア・ブックス『オオカミ』教育社、1987年
- デイビッド・シャノン／小川仁央訳『だめよ、デイビッド！』評論社、2001年
- 吉田新一郎『テストだけでは測れない！』NHK生活人新書、2006年

増補　「読み書き」はなぜ重要なのか、で紹介した本

- ジェニ・ウィルソン＆レスリー・ウィン・ジャン／吉田新一郎訳『「考える力」はこうしてつける』新評論、2004年
- 吉田新一郎・岩瀬直樹『効果10倍の学びの技法——シンプルな方法で学校が変わる』PHP新書、2007年
- グラント・ウィギズ＆ジェイ・マクタイ／西岡加名恵訳『理解をもたらすカリキュラム設計』日本標準、2012年
- 吉田新一郎『読書がさらに楽しくなるブッククラブ』新評論、2013年
- プロジェクト・ワークショップ編著『読書家の時間——自立した読み手を育てる教え方・学び方』新評論、2014年
- エリン・キーン／山元隆春・吉田新一郎訳『理解するってどういうこと？』新曜社、2014年
- ダン・ロススタイン＆ルース・サンタナ／吉田新一郎訳『たった一つを変えるだけ——クラスも教師も自立する「質問づくり」』新評論、2015年
- キャロル・トムリンソン／山崎敬人、山元隆春、吉田新一郎訳『ようこそ、一人ひとりをいかす教室へ』北大路書房、2017年
- ダグラス・フィッシャー＆ナンシー・フレイ／吉田新一郎訳『「学びの責任」は誰にあるのか——「責任の移行モデル」で授業が変わる』新評論、2017年
- 吉田新一郎『読み聞かせは魔法！』明治図書、2018年春予定
- ピーター・ジョンストン／長田有紀、迎勝彦、吉田新一郎訳『言葉を選ぶ、授業が変わる！』ミネルヴァ書房、2018年春予定

- スター・サックスタイン／吉田新一郎・高瀬裕人訳『Hacking Assessment（タイトル未定）』新評論、2018年夏予定
- キャロル・トムリンソン他／山元隆春、山崎敬人、吉田新一郎訳『一人ひとりをいかす評価（仮題）』北大路書房、2018年夏予定
- ナンシー・アトウェル著／小坂敦子、澤田英輔、吉田新一郎訳『In the Middle（タイトル未定）』三省堂、2018年夏予定

著者紹介

吉田新一郎（よしだ・しんいちろう）
現在、「学び、出会い、発見の環境としくみをつくりだす」ラーンズケイプ（Learnscapes）代表。自分がそれまでに体験したことのなかった新しい教え方・学び方に出会ったのは、『ワールド・スタディーズ』（1991年 ERIC 刊、連絡先 e-mail＝eric@eric-net.org）を通して。それ以来、自分の研修会の持ち方もガラッと変わってしまいました。講演をするということがなくなり、「問いかけ」が基調になりました。
その後、思考力を含めて、学習者主体の教え方・学び方を紹介したたくさんのすばらしい本に出会ってきましたが、その中には『マルチ能力が育む子どもの生きる力』（小学館）や『ペアレント・プロジェクト』『ドラマ・スキル』『ライティング・ワークショップ』『リーディング・ワークショップ』（すべて、新評論）なども含まれます。
著書として、『「学び」で組織は成長する』（光文社新書）、『効果10倍の教える技術』（PHP 新書）、『読み聞かせは魔法！』（明治図書、2018年）などがある。
新しい教え方・学び方、研修の仕方、評価の仕方等に関する情報や研修に興味のある方は、ご連絡ください。（連絡先 e-mail＝pro.workshop@gmail.com）

増補版 「読む力」はこうしてつける　　　　　　　（検印廃止）

2010年11月30日　　初版第1刷発行
2017年12月15日　増補版第1刷発行

著　者　吉　田　新　一　郎
発行者　武　市　一　幸

発行所　株式会社　新　評　論

〒169-0051 東京都新宿区西早稲田3-16-28
http://www.shinhyoron.co.jp

TEL 03 (3202) 7391
FAX 03 (3202) 5832
振替 00160-1-113487

落丁・乱丁はお取り替えします。
定価はカバーに表示してあります。

印刷　フォレスト
装丁　山田英春
製本　中永製本所

©吉田新一郎　2017

Printed in Japan
ISBN978-4-7948-1083-0

新評論 好評既刊 あたらしい教育を考える本

R.フレッチャー&J.ポータルピ／小坂敦子・吉田新一郎 訳
ライティング・ワークショップ
「書く」ことが好きになる教え方・学び方
「作家になる」体験を通じて「書く喜び」に導く画期的学習法。
[A5並製 182頁 1700円 ISBN978-4-7948-0732-8]

L.カルキンズ／吉田新一郎・小坂敦子 編訳
リーディング・ワークショップ
「読む」ことが好きになる教え方・学び方
子どもたちが「本のある生活」を享受できるようになる教室の実践。
[A5並製 246頁 2200円 ISBN978-4-7948-0841-7]

プロジェクト・ワークショップ 編著
作家の時間
「書く」ことが好きになる教え方・学び方 実践編
欧米発・子ども自身が「作家になる」授業の日本での実践記録。
[A5並製 224頁 1900円 ISBN978-4-7948-0761-3]

プロジェクト・ワークショップ編
読書家の時間
自立した読み手を育てる考え方・学び方【実践編】
「本を読むこと・本について語ること」が文化となっている教室の実践例を通じて、「読む力」を育む学習・教育の方法を深める。
[A5並製 264頁 2000円 ISBN978-4-7948-0969-8]

吉田新一郎
読書がさらに楽しくなるブッククラブ
読書会より面白く，人とつながる学びの深さ
読むことが好きになり，大きな学びを得られる読書法の実践指南。
[A5並製 240頁 2000円 ISBN978-4-7948-0928-5]

ダグラス・フィッシャー&ナンシー・フレイ／吉田新一郎訳
「学びの責任」は誰にあるのか
「責任の移行モデル」で授業が変わる
授業のあり方が変わり，生徒の学びの「質」と「量」が飛躍的に伸びる「責任の移行モデル」四つの要素を紹介！ 2017年11月刊行予定
[A5並製 288頁 2200円 ISBN978-4-7948-1080-9]

＊表示価格はすべて税抜本体価格です。